自律した学習者を育てる

算数授業のカード実践

樋口万太郎
Higuchi mantaro

Select &

CARD

Connect | Assess | Reflect | Decide

東洋館出版社

はじめに

本書を手に取っていただきありがとうございます。

みなさんは、きっと今取り組んでいる算数授業に不満があり、改善をしたいと思っている方なのではないでしょうか。

GIGAスクール構想が始まり、私は算数授業に関するタブレット端末を使った実践を多く発表してきましたが、今回はタブレット端末があたりまえのように授業に位置づいているということを前提としたうえで、

・主体的・対話的で深い学び
・見方・考え方
・個別最適な学び・協働的な学び
・既習の活用
・自立した学習者の育成
・資質・能力の育成

などを達成することを目指した算数授業、自立した学習者を育成するための算数授業について提案します。本書で提案する算数授業は、公立学校数校に導入し、現在進行形でデータをとり、研究を進めています。そのような授業で使用するのが「カード」です。

ポケモンカード、遊戯王カードなど、子供たちの周りにはカードがあります。その身近にあるカードを使った提案です。とはいっても、カードをただ取り入れたらよいというわけではありません。カードには何が書かれるのか、どのような手順で進めていったらいいのかなどが詳細に書かれています。今みなさんが行なっている実践に、カードを取り入れて、自分の算数授業を変革させてください。

本書が少しでもみなさんの算数授業のアップデートになればと願っています。

樋口万太郎

もくじ

CHAPTER 3

カード実践6つのサイクル 97

CHAPTER 4

子供の学びをサポートする！カード実践のポイント 131

CHAPTER 1

カード実践の幹

TOPIC 1-1

樋口万太郎の算数授業における葛藤

ここ数年の自分の葛藤

2023年秋。算数授業において、
「自由進度学習」
「けテぶれ」「QNKS」
「イエナプラン」
「『学び合い』」
「自己調整学習」
「デジタルドリルを自分のペースで取り組む」
「タブレット端末を使った見栄えのよい表現物をつくる活動」

など、これまでの教師主導の一斉授業とはちがい、子供に自己選択・決定などの機会が増える実践が増えてきています。これらの実践を個別最適な学び・協働的な学びと言われる人もいます。

「え？　そう？」と感じる方もいるかもしれませんが、SNSでもこのような実践をみる機会が多くなってきました。

これらの実践は、私自身短期的ですが、どれも一度取り組んだ経験があります。なぜ取り組んだのかといえば、

自分が行なっている算数授業に対して不満や葛藤

があったからです。

実は、カード実践にいたるまでの算数授業は、常に葛藤がありました。30代から算数授業において葛藤し続けていました。それまでの私は開

発した問題や教科書をアレンジした問題を取り扱うことが「正解！」とすら思っていました。

前ページ冒頭の実践に自分自身が取り組んできた中で気づいたことがあります。「短期的だからじゃないのか」「あなたがその実践の本質的なところを理解していないからだよ」というお叱りを受けるかもしれませんが、これらの実践には、

深い学びを実現しているのか
見方・考え方を働かせているのか

ということが不透明であるところに大きな疑問を感じていました。

特に個別最適な学び・協働的な学びという言葉がより注目を浴びるようになり、

①単元の最初に、たとえば、「1～10ページを5時間で『みんなで』協力して取り組もう」と単元全体の課題が与えられる。
②子供たちは「1時間目は1ページと2ページ」をしようと『自己選択』し、実際に取り組む。
③実践に取り組んでいるときには、子供たち同士で一緒に取り組んだり、わからないことがあれば教えあったりして協力的に取り組む。
④授業の最後には、1時間のふりかえりをする。

といった流れを2時間目以降も繰り返していくという授業を多くみるようになってきました。

これまでの先生から与えられていた教育から、子供たち自身が選択をする「学習者視点の学び」へ転換していると言えることでしょう。

また、「デジタルドリルに自分のペースで取り組む」という授業も多くみられるようになりました。

これまで、みんな同じペースで同じ問題に取り組んできたことが、デジタルドリルによって自分のペースでそれぞれのレベルに応じた問題に取り組むこと

ができます。これによって、問題を解き終えた子たちは他の子が解き終わるまで待つことなく、自分の学びを進めていくことができます。基礎基本を徹底的に学び直すことができる子もいれば、より難しい問題に取り組んでいくといったように、それぞれ子供に応じた「オーダー型」の時間になります。

オーダー型と書きましたが、今話題の個別最適な学びと協働的な学びはオーダー型の学びを目指すものです。

オーダー型が何かといえば、医療を想像してみるとわかりやすいです。患者はそれぞれ病名が異なります。全員が全く同じ治療をしても意味がありません。また同じ病名であったとしても、それぞれ患者の状態は異なります。薬の量も変わることですし、薬の種類や数も変わるものです。こういった患者それぞれに適した治療をしていくことが、オーダー型です。

教育に置き換えます。子供たちそれぞれの学力は異なるものです。実態も異なるものです。それぞれの子供たちに応じた教育、それがオーダー型の教育です。6ページで紹介している実践の数々はオーダー型の教育を行っていくためには、必要なものだとも考えています。

さて、話を戻します。これらの授業で子供たちはどのような力が育つのでしょうか。確かに、

・自分で計画を立てる力は育つかもしれません
・協力しあって、取り組む力は育つかもしれません
・人に教える力・伝える力が育つかもしれません
・計算ができる、筆算ができるといったできる力は育つかもしれません

でも、

教科としての学び

はどうなのでしょうか。

前述の①〜④の流れで取り組む子たちは、「1ページと2ページをこなす」ことに必死になることでしょう。確かに、設定した自分の目標を達成していることになるかもしれませんが、その単元の学びを深めているかはわかりません。

これらの授業では、一歩間違えると、

・答えが出たら終わり
・デジタルドリルにより与えられた問題に取り組むだけ
(与えるのが先生からデジタルドリルに代わっただけですよ)

ということになってしまいます。思い出してください。これらのような算数授業にならないように、私たちはもがき苦しんできたはずです。でも、結局は知らず知らずのうちに、同じことを再生産してしまっている恐れがあるのです。

また、現在の学習指導要領では、「コンテンツベース」から「コンピテンシーベース」と言われていますが、「1ページと2ページをこなす」ことや「デジタルドリルに取り組む」ということでは、「コンテンツベース」のままの取り組みです。

誤解しないでほしいこと

誤解しないでほしいのは、これらの実践を否定しているわけではないということです。6ページにある実践においても、深い学びを実現している実践はあります。全部が全部、達成していないと言っているわけではありません。むしろ、

理想の形

とすら考えています。

デジタルドリルを使うことで、その子に応じた問題を数多く取り組むことができます。1年生を担任しているとき、半年で7000問以上の問題に取り組んでいる子もいました。そのデジタルドリルは問題を解くごとにコインをゲットすることができます。そのコインを一定数集めると、モンスターが進化していくという外発的動機でその子は取り組んでいたことでしょう。

でも、その子は休み時間に算数問題に取り組んでいたり、次の学年の学習まで自分から進んで取り組んでいったのです。また、7000問以上の問題に取り組むことはこれまでの紙を使ったアナログではできないことです。私自身は1問をじっくり考えることも大切だし、数多くの問題をこなすことも大切だと考えている人です。

さて、本書で提案しているカード実践も6ページにある実践に大きな影響を受けているだけでなく、拙著『3つのステップでできる！ ワクワク子どもが学び出す算数授業♪』（学陽書房）で提案している実践は、自律した学習者を育成するために取り組み始めた私の第一歩の実践でした。見方・考え方セットタイム→学びタイム→活用問題タイム（次頁参照）という単元を3つのステップで取り組んでいこうということ（以下、3つのステップ実践）も影響を受けています。

3つのステップ実践では、単元最初に見方・考え方をセットすることで、1人で学習を進めることができるのではないかと考えたのです。そして、1人で学習を進めてきたことをフル活用し、活用問題に取り組むという流れです。

加固（2022）は単元内における一斉授業と個別授業を提案しています。加固は一斉授業が適しているのは、見方・考え方や単元内で使う新しい知識を共有する場面と述べています。

そして、一斉授業で、クラス全員で見方・考え方を働かせて、新しい知識を発見する授業を行うことで、子供たちが見方・考え方を働かせ、自ら

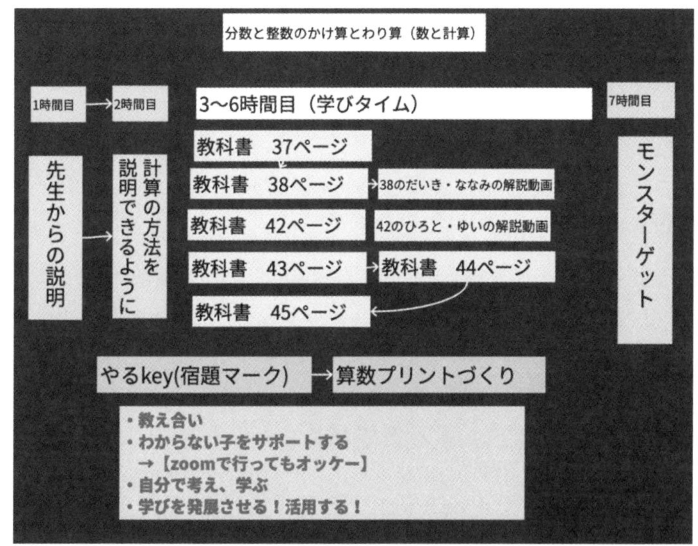

新しい知識を発見できるような個別学習が行われやすくなると述べています。

きっと、加固先生も前述の実践の影響を受けているでしょうし、深い学びといったことは意識されているのだと考えています。

（いつか 2 人でしている「ボウズの会」で、ご本人にお聞きしてみたいと思います。）

この加固実践においても、3 つのステップ実践においても、単元当初に働かせた見方・考え方を子供たち自身にセットすることで、

子供自身で見方・考え方を働かせていく

というところでは類似性があるのではないでしょうか。このことはカード実践に取り組み、子供たちのカードを分析していくなかで成果としてみえてきたことと似ています。

ただ、この 3 つのステップ実践を批判的にみてみると、見方・考え方を単元当初に設定していると提案していますが、本当に、

セットした見方・考え方を子供自身が働かせているのか
子供自身が見方・考え方を自覚しているのか

ということが不透明という課題がありました。

この不透明性を解消しているのが、本書の提案であるカード実践です。カードによって、その不透明な部分が可視化されているのです。

見えないものを見ようとするために「カード」を使うのです。

学び方を教えることだけが大事ではない

「学び方を教える」ということがここ最近言われるようになりました。このカード実践もまさに「学び方」を教えていることになります。

学び方を教えるのであれば、深い学びを実現するための学び方も伝えないといけません。様々な実践の「学び方を教える」という文脈には、この深い学びを実現するための学び方も含まれているのでしょうか。様々な実践をみていると、抜け落ちていることが多いです。

こういった学び方は汎用的なものです。各教科特有の見方・考え方があるように、各教科には「クセ」があるものです。汎用的な学び方でそういったクセも対応することができればよいものの、どうしても対応できないことや、子供自身では気づかないところや、見落としてしまうことが出てくるものです。そういったところは、授業者が教材や学習過程を工夫したり、仕掛けや考える場を設けたりする必要があるように考えます。

つまり、深い学びを実現するための学び方を実現しようにも、各教科のクセがあり、一般化できないのかもしれません。そう考えると「カード実践」は、ゴリゴリのクセのある算数科における学び方を表しているものです。だから、私が目指していることは、

学び方を子供たちに伝えることも大切だし、学習を深めていくことも大切だという両輪
子供たち自身で深めることができる学び方を伝え、取り組む

ということです。

ここ数年の自分の葛藤

私はこれまでの算数授業では、教科書の問題をそのまま取り扱うよりも、

教科書の問題をアレンジする
教材開発をする
誰かの追試をする
子供の中のズレを生じさせて問いを生まれさせる

ということを行ってきました。教科書の問題をそのまま取り扱うことを「悪」とすら感じている自分がいました。

教科書の問題をアレンジしたり、教材開発をしたり、誰かの追試をしたりしてきたのは、教科書の問題をそのまま取り扱うことよりも、

①単元で働かせたい見方・考え方を、子供自身に働かせることができるのでは？
②既習を活用することができるのでは？

などの思いがあったからです。裏を返せば教科書の問題をそのまま取り扱うのでは、

・単元で働かせたい見方・考え方を子供自身が働かせていない
・既習を活用することができない

というように感じていたということです。

若手のときに、先輩から「教科書の行間や余白の部分を読め」ということを言われていました。教科書に書かれていることの意味は何か、問題から問題へどう進めたらいいのか、教科書には書かれていないことを大切にしていこうということでしょう。

行間や余白が読めなかったら、スタート地点にも立てないということになります。

昨年度、6年生「場合の数」(導入場面)で、以下のようなオリジナル問題で飛び込み授業をしてきました。

私「今から写真を撮ります。『はい、チーズ』と言うのでポーズをしてくださいね」
私「はい、撮るよ。はい、チーズ」
(実際に写真を撮る)
(撮った写真を子供に見せながら)
私「『はい、チーズ』と言うと指2本でピースをする人が多かったですね。じゃあ、今日の課題です」

【課題】
今日は、写真を撮るときの新たなバズらせるポーズを考えます。
投票をするためにポーズの一覧表をつくろう

【条件】①片手　②裏返すことは無し　③指の上げ・下げだけ

私「では、考えてみよう!」

子供たちは、最初は実際に指の写真を撮ったり、指の絵を描いたりしていきました。途中で止め、現段階でどのようなポーズを見つけたのかを共有していくなかで、

・親指、人差し指と書いていくのがめんどくさいからもっと楽にできるアイディアはないか

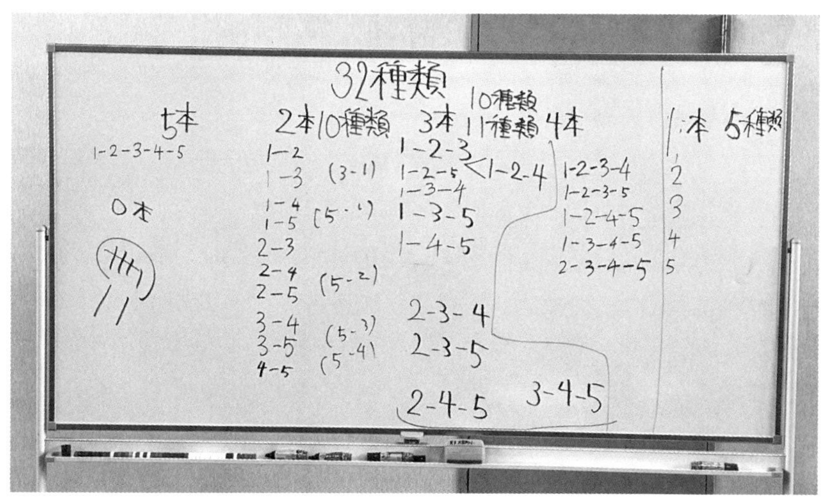

→親指を１、人差し指を２、中指を３、薬指を４、小指を５とすることを話題にしました。

そして、全部で32通りあることを子供たちに言い、32通りを探すための時間をとりました。当初の予定では、32通りということは言うつもりはありませんでした。しかし、思っているよりも絵や写真で探そうとしている子がおり、想定以上に時間がかかってしまっていたのです。

この活動に取り組んでいく中で、「かぶった！（重なりがある）」といったつぶやきもどんどん聞こえてくるようになりました。

その後、全体で共有したときの板書が上の写真になります。本教材の指を使ったポーズは32通りできます。指０本のときが１通り、指１本のときが５通り、指２本のときは10通り、指３本のときは10通り、指４本のときは５通り、指５本とのときが１通りになります。

この実践では、

「落ちや重なりがないように調べる」ということを子供自身に気づかせたい

と思い、この実践を行いました。そのため、「32通り」という答えがわかっていても何も問題ありません。前述のように、「かぶった！（重なりがある）」といったつぶやきがあったように、子供たちの中で見方・考え方を意識させることができました。

こういったオリジナル実践でしか「単元で働かせたい見方・考え方を子供自身に働かせることができない」「既習を活用することができない」のではないのかということに葛藤し続けていたのです。

子供たちにズレを生じさせて、問いを生ませるという実践にも取り組んできました。実践していくなかで、子供たちそれぞれが考えたい問いが生まれてくるときもあり、常に統一した問いにはならないのではないかと考えるようになりました。

ただ、やはり、こういったオリジナル実践は、目の前の子供たちの実態に応じているため、教師が意図している大切な考えや見方・考え方を子供自身から引き出しやすいのではないかと思います。だから、私自身は単元当初にこのようなオリジナル実践にこれからも取り組んでいくことでしょう。

教科書の問題をそのまま取り扱うことを「悪」と書きましたが、実はこの意識は間違いです。

子供が見方・考え方を働かせていないのであれば、
既習を活用していないのであれば、
深い学びを実現しようとしないのであれば、
「悪」になる

ということです。これは、教科書の問題をそのまま取り扱うだけの話だけでなく、教科書の問題をアレンジしたり、教材開発をしたり、誰かの追試をしたりするときでも同様のことが言えます。

本書で提案しているカード実践は、これらのことを解決することができる実践です。
　実はこの授業の最後には、本書の提案であるカードづくりをしようとしていましたが、時間をオーバーしてしまい、活動を断念してしまいました。
　今みなさんが行っている算数授業にカード実践を取り入れることができます。そして、

取り入れることで長期的な視点で見たときに劇的に子供たちが変化する

と本気で私は考えています。
　この授業は、飛び込み授業であったため続きを行うことはできませんが、もし行うことができるのならば、

「落ちや重なりがないように調べる」という知識を獲得したのであれば、次時ではこの獲得した知識を使ってみる

という機会を設けるようにします。
　知識を使っていくなかで、

足りない知識があれば獲得する

ようにしていきます。また、

使ってみた知識がうまくいかないときには、新たな知識を創り出す

ようにしていきます。このように知識を体系化していきます。学習することはバラバラではありません。しっかりと関連づかせていきます。
　これこそが、カード実践の「核」の部分なのです。

TOPIC 1-2

あなたはどのような算数授業を目指していますか

整理をしてみよう

現在、「主体的・対話的で深い学び」「資質・能力」「個別最適な学び・協働的な学び」など様々なキーワードが出ています。このなかでも「個別最適な学び・協働的な学び」というワードがキャッチーで流行語のようになっているのではないでしょうか。流行語のようになるということは、「言語活動の充実」「アクティブ・ラーニング」のときに起こってしまったような言葉による誤解が生じてしまう可能性があります。

そこで改めて、「主体的・対話的で深い学び」「資質・能力」「個別最適な学び・協働的な学び」という 3 つの用語を整理をすると、以下のような関係になります。

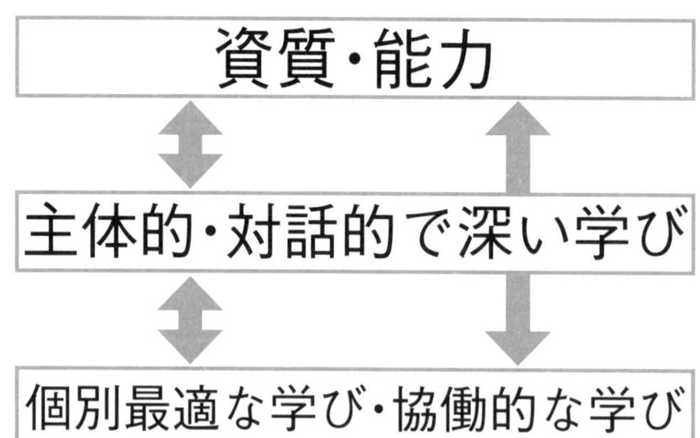

これら３つの用語は密接につながっており、それぞれに影響を与えながら、別々のものではないということです。また、資質・能力を育てていくことが目的ということです。

６ページにある実践が「個別最適な学び・協働的な学び」にあたるとすると、前述の

「自分で計画を立てる力」

「協力しあって、取り組む力」

「人に教える力・伝える力」

といった力は資質・能力にあたることでしょう。

６ページの実践に対して、私は深い学びを実現しているのかということを疑問に感じています。そこで、深い学びを実現していないと仮定します。すると、次のような図になります。

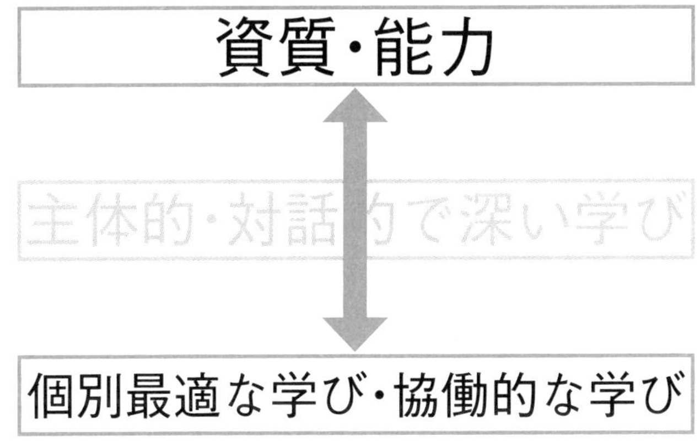

そうです。

深い学びなしに資質・能力の育成は可能なのか？

ということです（資質・能力をまったく育成することができないとは考えていませんが…）。これこそが私のここ数年の最大の疑問なのです。実は、この原稿を執筆している段階でも自分の中で答えは見つかっていません。

主体的・対話的で深い学びは各教科で実現することになります。各教科は１年間だけでなく複数年に渡って、系統立っています。系統立っているからこそ、深い学びを実現することができます。教科で主体的・対話的で深い学びを実現せずに資質・能力を育成するのであれば、

教科のような系統立った指導を新たに用意をする

といえるのではないでしょうか。単なる思いつきでするような実践では、うわべだけになってしまう可能性があるのではないかと考えています。

まず授業者が考えないといけないこと

とはいっても、「主体的・対話的で深い学び」「個別最適な学び・協働的な学び」について考える前に、まず考えておくべきことがあります。それは、

算数授業においてどのような資質・能力を育てたいと考えているのか

ということです。みなさんがより考えやすいように、質問を変えます。

算数授業で大切にしたいことは何ですか
算数授業を通して、どのような力を子供たちにつけたいですか

是非、読者のみなさんも考えてから読み進めてください。

ここが曖昧では、授業自体が曖昧になってしまいます。だから、解像度を上げてください。

たとえば、「できる」力をつけさせたいと考える先生は、授業における活動が「できる」重視になることでしょう。

たとえば、「楽しい」授業を目指す先生は、授業で子供たちが楽しいと感じるような活動を多く設けることでしょう。

たとえば、「既習を使う」力を子供たちにつけさせたいと考える先生は、「既習を使う」場面を多く設けることでしょう。

あたりまえの話と感じるかもしれませんが、どのような力を育成していきたいのかということと、算数授業の活動は密接に関連づいているのです。これが明確であれば、どんな方法でもブレません。

またこの資質・能力がしっかりと学校教育目標であったり、目指す子供像であったりと、関連づいていないといけません。読者のみなさんは自分の学校の教育目標もしくは目指す子供像を言うことはできますか。できないのであれば、資質・能力など考えることはできません。今すぐに確認をしましょう。

別に関連づいていなくてもいいのではないかと思われたかもしれません。このように思われることは「無責任」と言わざるを得ません。どのような子供を育てようとしているのでしょうか。自分が理想としている子供に育てようとするので、本当に大丈夫だと言えますか。なぜなら、自分の学校の教育目標もしくは目指す子供像が、その学校で考える資質・能力なのです。その資質・能力を育成するために、教育活動があるのです。

私たちは 1 人の子供を 6 年間担任として指導していくことはできません。資質・能力を育成するための手段は人それぞれで構いません。でも、みんな同じ方向を向いている必要があります。そのためには、資質・能力とは何かということを明確にしておく必要があります。

誤解しないでほしいこと 2

現在の学習指導要領でキーワードになっている「主体的・対話的で深い学び」「個別最適な学び・協働的な学び」についても、(中略)、何か「方法」をあてはめようとするでしょう。「本当に何が大事か」を追究せず、「方法」を求めると、さらに「うまくいかない」ようになってしまいます。

と若松（2023）は述べています。

そして、6ページにある実践の数々は「本当に何が大事か」ということが大前提としてあることが共通しています。だから、追試者はその部分を落とすことなく理解しておかないと、いざその実践をしたときに何かちがった成果が見える可能性があります。

さらに、「本当に何が大事か」といえば、自分の目指している授業ではなく、

どのような資質・能力を育てていきたいのか

そして、

育てていきたい資質・能力を踏まえた目の前の子供たちの現在地の把握

が大切ということです。

決して、自分の目指している授業をするなと言っているわけではありません。上記の2つにしっかりとマッチしているのか、ということです。

目の前の出来事や実態を解消することがダメと言っているわけではありません。目の前の出来事や実態という現在だけを考えるのではなく、資質・能力という未来も見据えながら取り組んでいきましょうということです。

「教える」「教えない」の関係性

どのような資質・能力を育てたいのかを考えることなく、まだまだ「できる」ということが目的になっている算数授業が多いのが現実ではないでしょうか。

「GIGAスクール時代の算数授業」という演題で話をすることが最近多いのですが、そのときに、GIGAスクール時代の算数授業は

①できる
②わかる
③使う・創造する

の3つが大切だという話をしています。

時々、「算数授業で子供たちは楽しんでいるんだけど、なかなか力がつかないんです……」といった悩みを聞くことがあります。

これはもしかしたら、まだ表面上の楽しさなのかもしれないと最近は考えています。深く楽しいと感じるときには、

・できる楽しさ
・わかる楽しさ
・使う・創造する楽しさ

の3つが混在しています。特に、子供たちは使う楽しさや創造する楽しさが一番楽しくもあり、苦しくもあるのではないかと考えています。

これら3つのことを達成するためには、子供自身が「気づく」「考えていく」などのことも大切ですが、「教える」ことも必要です。主体的・対話的で深い学び、個別最適な学び・協働的学びという用語がでてきたことで、より一層「教えたらダメ」というような風潮があるように思いますが、これは誤解です（学び方を教えますよね？）。

以下の写真は、5年生の異分母分数のひき算の導入場面です。この導入場面で子供たちに教えることはなんでしょうか。実は、

教えることはない

のです。「教える」ことは何かと意識するだけではなく、「教えない」ことは何か、使うことは何かを意識していきましょう。

子供たちは直前に異分母分数のたし算について学習をしています。

異分母分数のたし算で学習したことを使うことで、ひき算について考えることができるのです。

下の板書の写真はカード実践に取り組んでいるものになります。

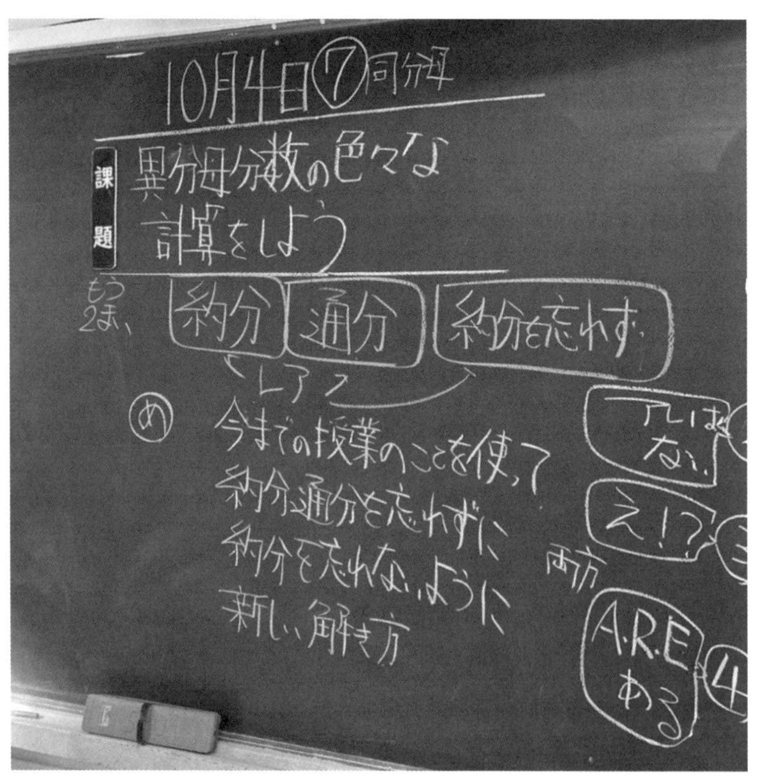

写真の課題の下に「約分」「通分」「約分を忘れず」と書かれています。

これがこの時間で子供たちが選択をしたカードです。レアと書いているのは「何度も単元で出てきているカード」ということです。

その左に「もう2枚」と書いています。これは、「約分」「通分」の2枚があれば考えることができるという子供のつぶやきを拾って書いたものです。このようなつぶやきを漏らした子は、

異分母分数のたし算と異分母分数のひき算の学習は同じ

といったように考えていることでしょう。あたりまえのことのように思えて、子供たちにとってはあたりまえではないのです。

その下の「め（=めあて）」をみてみると、今までの授業で学習してきたことを使うということをめあてにしています。その上で、新しい解き方があるのかということを考えるめあてが出てきました。

異分母分数のたし算で

・通分を使い、分母を「そろえる」という知識
・分母を「そろえる」ことで、単位分数の考えを使って計算ができるという知識

ということを学んでいるのです。分母が揃っていれば、単位分数の考えを使って計算ができるということは4年生の学習です。

単位分数の考えとは、
$\frac{3}{8}+\frac{2}{8}$という問題の場合、
$\frac{3}{8}$は$\frac{1}{8}$が3個分、
$\frac{2}{8}$は$\frac{1}{8}$が2個分、
たすと$\frac{1}{8}$が5個分になるので$\frac{5}{8}$になるという考えです

だから、子供たちはこれらの知識を使うと、先生に教わることなく自分で解決できると考えているのです。これが、③使う・創造するという

ことです。異分母分数のたし算で、

・分母が異なっているから、まずは通分をして分母を揃えましょう
・分子同士を足しましょう

ということを子供たちに教え、異分母分数のたし算の練習問題をしているような授業をしているのであれば、異分母分数のひき算でも、

・分母が異なっているから、まずは通分をして分母を揃えましょう
・分子同士をひきましょう

ということを子供たちに教え、異分母分数のひき算の練習問題をするといった同じような授業展開になり、①②止まりです。

使う、創造することができるのも、算数科は系統立った教科だからです。１～６年生の「数と計算」領域を簡単にまとめると下のような表になります。

1～6年の数と計算領域

1年	たし算	ひき算	くりあがりのあるたし算	くりさがりのあるひき算						
2年	2けたのたし算	2けたのひき算	たし算の筆算	ひき算の筆算	大きい数のたし算	大きい数のひき算	かけ算（1）	かけ算（2）		
3年	わり算	あまりのあるわり算	たし算	ひき算	1けたをかけるかけ算	2けたをかけるかけ算	簡単な小数のたし算	簡単な小数のひき算	同分母分数のたし算	同分母分数のひき算
4年	1けたでわるわり算	2けたでわるわり算	小数のたし算	小数のひき算	小数のかけ算	小数のわり算				
5年	小数のかけ算	小数のわり算	異分母分数のたし算	異分母分数のひき算						
6年	分数と整数のかけ算	分数と整数のわり算	分数×分数	分数÷分数						

この表をみてみると、たし算の次の学習はひき算が、かけ算の次の学習はわり算がペアのようになって配置されています。つまり、

・たし算で学習したことをひき算に
・かけ算で学習したことをわり算に

使える可能性があるということです。だから、たし算の学習で教師から教えることが多かったとしても大丈夫なのです。次の単元で、教えたことをしっかりと子供たちが使う場面を設けたらよいのです。

そして、さらに分数で学習することを分類・整理したものが下の表です。

	2年生	3年生	4年生	5年生	6年生
①単位の学習	分割分数（元の大きさが違う）	分割分数	単位分数の意味	単位分数	単位分数をもとにして考える
②比較の学習	逆方向の見方・考え方	割合分数 量分数	単位分数の大きさ比較	通分	
③数える学習			単位分数のいくつ分を数える	分数の加法・減法	単位分数のいくつ分

学校図書　「早わかり系統表」をもとに樋口作成

こうみると、単位の学習、比較の学習、数える学習の3つから成り立っているのです。このように系統立っているのです。だから、前述のように何でもかんでも教えたらよいというわけではないということです。

教えなくてもよいことは教えない

ということが大切です。

では、何を教えるのかといえば、用語、道具の使い方、筆算の仕方などです。こういったことは教えないといけません。もちろん、「約分」「通分」といった用語も教えないといけないということです。

・$\frac{6}{8}$を$\frac{3}{4}$にしたことを「約分」
・$\frac{1}{3}$を$\frac{2}{6}$、$\frac{1}{2}$を$\frac{3}{6}$にしたことを「通分」

といったように最初から教えるのではなく、子供たちが取り組んだ学習活動を意味づけていく、というイメージをもって、子供たちには教えていきます。

「今、みんなが3、6、9、12……と見つけたでしょ？　このようなことを3の倍数と言います」
と言ったようにです。

教えたい用語などを先生が教えなくても、子供たちのなかから出てくることもあります。そういう場合は、先行学習の子供たちが活躍する授業になります（先行で学習した既習を活用しているに過ぎないのです）。

基本的には教えたいこと・気づかせたいことは、子供たちのなかにあります。カードも子供たちのなかにあるものを可視化していきます。

どのように見取り・評価していくのか

できるということを大切にしているということは、子どもを「できる・できない」という軸で見取り、評価していくことになります。「できる・

できない」という軸でみることは悪いことではありません。しかし、そこに「わかる・わからない」といった軸も加えた状態で見取り、評価をしていってほしいのです。

「できる・できない」だけの軸なのか、「できる・できない」「わかる・わからない」という軸なのかによって指導の仕方もかわってきます。

例えば、「わり算の筆算」の学習場面では、「できる・できない」という軸だけでは、わり算ができるようになるためには、どうしたらよいのかということを意識するため、「アルゴリズムあっている？」「計算ミスしていない？」「見直してみたら？」といった指導になります。

また、たくさんの問題を解くことで定着するかもしれません。そういったときに使えるのがデジタルドリルです。

「できる・できない」「わかる・わからない」という軸でみると、「できる・わかる」「できる・わからない」「できない・わかる」「できない・わからない」という４つの枠組みができます。

・「できる・わかる」子たちはより学びを深めていくために
・「できる・わからない」子たちは「できる・わかる」ようになるために
・「できない・わかる」子たちは「できる・わかる」ようになるために
・「できない・わからない」子たちは少しでも「できる」「わかる」ようになるために

この子がどの枠組みかを見取ることにより、以下の図のように指導も変わってきます。

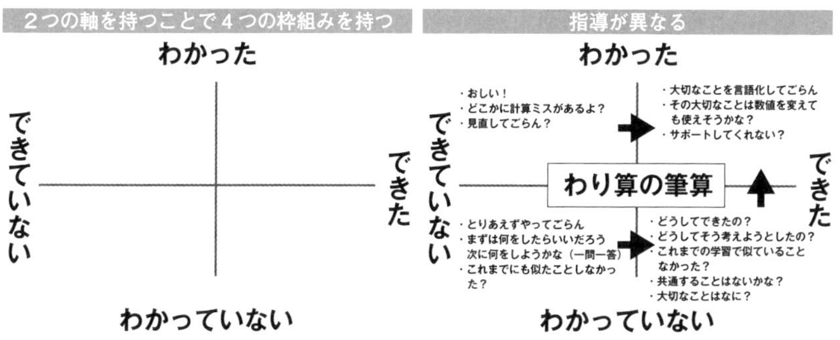

TOPIC 1-3

「わかる」ことに課題がある子供たち

あいかわらず「わかる」が苦手な子供たち

みなさんは令和5年度全国学力・学習状況調査における算数調査問題をチェックされたでしょうか。また、どの問題にみなさんは着目したでしょうか。

余談ですが、その「全国学力・学習状況調査」は、どう略しても「学テ」にはなりません。また、「平均以上」「平均以下」というようなニュースを見たりしますが、全都道府県が平均以上になると思っているのでしょうか。なりませんよね。だから、「学テ」「平均以上」「平均以下」という用語をみるたびに、なんだかな〜と思ってしまいます。全国学力・学習状況調査で正答率が低かったところを

今後の指導に活かしていく

という使い方をすればよいのです。そのための分析を各学校で取り組んでほしいと考えています。

調査結果が出てからは、三角形のある辺を底辺としたときに高さが等しくなる三角形について、「底辺と面積の関係を基に考えること」の正答率が低いことが話題になりました。

私が注目したのは、3の(4)の問題(右の画像を参照)です。おそらく正答率が低いのではないかと予想をしていました。そして、「できる」ではなく筆算の仕組みが「わかる」を調査しているのではないかと考えました。

(4) けんたさんは、66 ÷ 3 の筆算について、次のように図を使ってふり返りました。

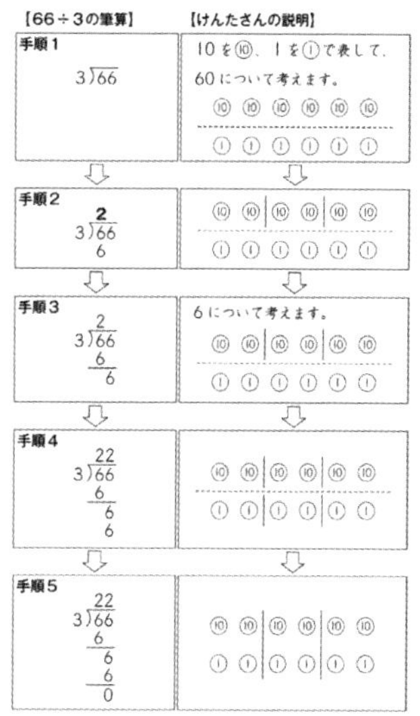

【けんたさんの説明】をもとにすると、66 ÷ 3 の計算を、下のように考えることもできます。

$$
\begin{aligned}
66 \div 3 &= \underbrace{(60 + 6)}_{\text{あ}} \div 3 \\
&= \underbrace{60 \div 3}_{\text{い}} + \underbrace{6 \div 3}_{\text{う}} \\
&= \underbrace{20 + 2}_{\text{え}} \\
&= 22
\end{aligned}
$$

【66÷3の筆算】の手順2で十の位にたてた「2」は、上の式の**あ**、**い**、**う**、**え**のどの計算をした結果を表していますか。1つ選んで、その記号を書きましょう。

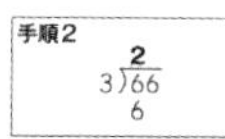

この問題の正答率は、47.8%です。クラスの半分以上の子供が正答しないということになります。

まず、66は60と 6 にわけることができます。
次に、60÷ 3 をすると20になります。
だから、 2 は20ということを意味しています。

ということがわかっていないということです。

実際の調査問題にはなっていないので、予想ではありますが、

「66÷ 3 」の計算をしましょう

という問題であれば、ここまで正答率が低かったということはないでしょう。むしろ、もっと85〜90%くらいの正答率があったはずです。つまり、

計算は「できる」けれど、筆算の仕組みは「わかっていない」

という実態があるのです。

20×4という問題があったときに、「塾でもう計算方法を学習したよ」「簡単、簡単」と言う子に出会ったことがあるでしょう。

このように言う子たちがする説明が

まず、20の0をとって2
次に　2×4をすると8
だから、その8に0をつけると80になる

といった説明をすることがあります。

なぜ0をとるのでしょうか。
なぜ0をつけることができるのでしょうか。
なぜ0をとったり、つけたりすることがそもそもできるのでしょうか。

このように問い返すと困ってしまう子供たちです。問い返したときに、「塾で教えてもらったから……」という子にも出会ったことがあります。

覚え方、計算の仕方もある意味シンプルですよね。

これは子供だけの話ではなく、私が登壇する研修会や学習会で、一定数の先生方が、

まず、十の位の 6 ÷ 3 をすると 2 になります。
次に、一の位の 6 ÷ 3 をすると 2 になります。
だから、答えは22になります。この 2 は十の位の 2 です

という筆算のアルゴリズムを使って説明される方がいます。
私も先生になりたての頃は、これ以外の説明はできませんでした。

このような説明をする子たちは、

形式的に教えられている子たちであり、できるけどわからない子供

といえます。

このような子たちは、カード実践に取り組んだときには、

0 をとって、後で 0 をつける

といったカードを書くことが多いです。このカード実践の特徴として、

子供が書くカードを否定しない

というものがあります。上記のようなカードを子供は書いてもよいのです。「え！？　否定しなくていいの？　しっかりと仕組みを伝える必要があるのでは？」と思われるかもしれません。
こういったカードを書いたとしても、たとえば23× 3 といった問題になった途端に、

そのカードを使うことができなくなる

のです。カードが使えないということは、そのカードを使わなくなります。そして、新たなカードをつくる必要があります。新しいカードをつくるためには、20× 3の計算の仕方にまで遡って、そのときの学習をふりかえりながら、カードをつくり出す必要があります。

だから、「この内容をカードに書きなさい」と教えたり、指示をしなくても、体系化された内容、単元に何度もでてくることが書かれるのです。

樋口万太郎が考える資質・能力

ここまで長々と書いてきましたが、私が算数科で育てたいと考えている資質・能力は、

創造力

です。「想像」ではなく、「創造」です。

算数科における創造力とはどのような子供の姿なのかと思われたことでしょう。創造力の言葉の解像度を上げると、

・子供自ら知識を活用する子
・子供自ら深い学び（統合・発展）を実現することができる子

になります。本書提案のカード実践もこれら2つのことを達成できるように考えたものでもあります。

このカード実践に取り組むときの大きな壁が、次のページから説明する「知識」です。Instagramで、「知識という言葉にマイナスなイメージをもちますか？」というアンケートを実施したところ、

はい　26%
いいえ　74%

というように一定数マイナスなイメージをもっている先生がいることが確認できました。

知識という言葉には、知識を詰め込む、思考力よりも知識を習得すべきだといったように悪い印象をもたれることが「はい」と答えた人のなかには多いように感じます。

「知識=公式」ととらえ、公式を使って問題を考えることができればよいと思っている子供、先行知識を獲得している子供にマイナスなイメージをもっている方もいることでしょう。

このカード実践を行うときに、この知識のイメージを払拭し、知識についてある程度整理をした方がわかりやすくなります。

TOPIC 1-4

知識のイメージを払拭せよ

5年平均の問題

知識について考えていくために、次の2つの問題を解いてみてください。

1問目です。

下の表は、九九表から切り取ったものです。
これらの数の平均は表のど真ん中にある「9」である。
本当でしょうか。それともちがうでしょうか。

さぁ、考えてみてください。

1	2	3	4	5
2	4	6	8	10
3	6	9	12	15
4	8	12	16	20
5	10	15	20	25

もう1問です。

下の表は九九表になります。
この九九表のど真ん中の数は25になります。
では、九九表に出てくる数の平均は25になる。
本当でしょうか。それともちがうでしょうか。

こちらも、考えてみてください。

かける数

かけられる数

	1	2	3	4	5	6	7	8	9
1	1	2	3	4	5	6	7	8	9
2	2	4	6	8	10	12	14	16	18
3	3	6	9	12	15	18	21	24	27
4	4	8	12	16	20	24	28	32	36
5	5	10	15	20	25	30	35	40	45
6	6	12	18	24	30	36	42	48	54
7	7	14	21	28	35	42	49	56	63
8	8	16	24	32	40	48	56	64	72
9	9	18	27	36	45	54	63	72	81

1問目は平均が9になるため、「本当」というのが答えになります。

みなさんはどのように考えたでしょうか。おそらく全部の数を足し、25でわるという「全部÷個数」をしたことでしょう。この「全部÷個数」というのは知識にあたります。

おそらく、2問目も前の問題と同様に、「全部÷個数」をして求めようとしているのではないでしょうか。これは

「全部÷個数」という知識を「活用」している

ことになります。別に私はみなさんに解き方は教えていません。みなさんは学習した知識を活用しているということになります。大人だからあたりまえではなく、子供たちも同様のことをします。

実はこれらの問題は、「全部÷個数」という知識を活用しなくても、計算をしなくても解決することができるのです。この平均の学習では、

「平らに均す」という知識も学習

しています。どうしても「全部÷個数」という公式に目がいきがちですが、「平らに均す」知識を活用します。

たとえば、1の段は、1、2、3、4、5、6、7、8、9です。1と9、2と8、3と7、4と6を均すと「5」になります。つまり、1の段は5になります。同じように考えていくと、2の段は10、3の段は15、4の段は20、5の段は25、6の段は30、7の段は35、8の段は40、9の段は45になります。

つまり、5、10、15、20、25、30、35、40、45になります。これらを再度均してみると、5と45、10と40、15と35、20と30はいずれも25になります。

よって、九九表の数の平均は25になり、「本当」というのが答えになります。そして、この知識は1問目でも使用することができます。

知識とは

スケンプ（1992）は理解について「関係的理解」と「道具的理解」という言葉を用いて説明をしています。

「関係的理解」とは「やっていることも、その理由も、どちらもわかっていること」

「道具的理解」とは「規則を身につけそれを用いる能力で、いわゆる理由なき規則を用いる能力」

と定義づけており、「道具的理解」よりも「関係的理解」の重要性が高いと述べています。

すごく簡単に言えば、

道具的理解は「できる」、関係的理解は「わかる」

ということです。

32ページの例のように「20× 4 の計算の仕方を説明しよう」という課題があったときに、

①
20の 0 をとります。 2 × 4 = 8　 8 に 0 をつけて80

と説明する子がいます。これは道具的理解といえます。

一方で、関係的理解とは

②
20× 4 =10×（2×4）
20は10が 2 つ。 2 × 4 = 8 。
つまりは、10が 8 個。 だから、80になる。

③
20× 4　=80
↓÷10　　↑×10
2　× 4　= 8
20÷10すると 2 、 2 × 4 = 8
最初に÷10をしているから、×10をすると80になると説明する子たちです。

①の説明の20の0をとるということは、20÷10をしています。そして、最後の8に0をつけて80ということは、8×10をしていることになります。

つまり、②や③のことを理解したうえで、①を活用している子は関係的理解をしたうえで道具的理解をしているということになります。

③を理解している子は、

0.2×4　=0.8
↓×10　↑÷10
2　×4　=8
0.2×10すると2、2×4=8
最初に×10をしているから、÷10をすると0.8になる

といったように小数×整数でも同様に考えることができ、「な～んだ。整数×整数で学習したことって、小数×整数でも同じことがいえるじゃん」と考えを統合することができるのです。これが、深い学びです。

関係的理解と道具的理解の利点

また、スケンプ（1992）はそれぞれの利点についても述べています。

関係的理解の利点

1　新しい仕事をするのにより適している。
2　記憶するのがたやすい。
3　関係的知識はそれ自体一つの目標として効果的なものにしうる。
4　関係的シェマは、その質において、有機的なものである。

道具的理解の利点

1　その文脈自体においては、道具的数学はより理解し易いのが普通である。
2　報酬はより直接的であり、よりはっきりしている。
3　より速く、より信頼できる正解が得られることが多い。

これらのことから、道具的理解には短期的に理解をすることができるよさがあるが、長期的に考えるためには関係的理解も必要ということです。

関係的理解は一見難しく、時間がかかりそうですが、知識を関連づけて様々なことを理解するということです。一旦学ぶことができれば、やり方を随時教える必要がなくなり、長期的に見れば全体としてかかる時間は少なくて済むようになります。

さて、先程の九九表の平均の問題ですが、「全部÷個数」と「平らに均す」という知識が出てきましたが、「全部÷個数」だけでは道具的理解、「平らに均す」は関係的理解だと私は考えています。

Hiebert & Carpenter（1992）は、「概念的知識」と「手続き的知識」という視点から、知識の形成過程を説明しています。私は、概念的知識は関係的理解、手続き的知識は道具的理解と対応すると定義づけています。

つまり、

「全部÷個数」は手続き的知識
「平らに均す」は概念的知識

ととらえています。さらに私は、

見方・考え方は概念的知識

だと定義づけています。

このカード実践では、概念的知識が書かれたカードを子供は使ったり、作成したりといった関係的理解を目指すことができます。

授業で関係的理解、概念的知識についてもしっかり扱う

よさがあります。手続き的知識の内容や理解に関連した道具・内容は自然と淘汰されていきます。

このようなことを書くと、とてもハードルが高そうに感じるかもしれません。オリジナル問題をつくらないといけないと感じるかもしれません。ただ、授業で関係的理解についてもしっかり扱うということは特別なことではありません。だからこそ、教科書を使用するのです。

実は、教科書にはしっかりと書かれています。下の画像は、4年生単元「面積」の導入場面になります。

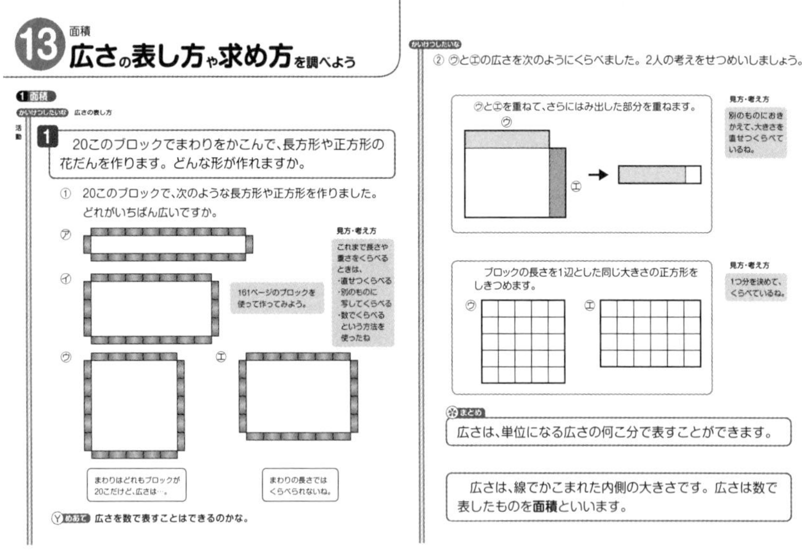

13 面積
広さの表し方や求め方を調べよう

1 面積

かいけつしたいな　広さの表し方

活動

1　20このブロックでまわりをかこんで、長方形や正方形の花だんを作ります。どんな形が作れますか。

① 20このブロックで、次のような長方形や正方形を作りました。どれがいちばん広いですか。

㋐　㋑　㋒　㋓

161ページのブロックを使って作ってみよう。

見方・考え方
これまで長さや重さをくらべるときは、
・直せつくらべる
・別のものに写してくらべる
・数でくらべる
という方法を使ったね

まわりはどれもブロックが20こだけど、広さは…。

まわりの長さではくらべられないね。

めあて　広さを数で表すことはできるのかな。

かいけつしたいな

② ㋒と㋓の広さを次のようにくらべました。2人の考えをせつめいしましょう。

㋒と㋓を重ねて、さらにはみ出した部分を重ねます。

見方・考え方
別のものにおきかえて、大きさを直せつくらべているね。

ブロックの長さを1辺とした同じ大きさの正方形をしきつめます。

見方・考え方
1つ分を決めて、くらべているね。

まとめ
広さは、単位になる広さの何こ分で表すことができます。

広さは、線でかこまれた内側の大きさです。広さは数で表したものを**面積**といいます。

このなかに概念的知識があるのはわかるでしょうか。

たとえば、子供たち自身が教科書を自分で進めていく取り組みでは、答えを出すことを意識してしまい、こういった書かれている概念的知識を読み落としてしまったり、重要性を感じなかったりするという可能性があります。それでは、深い学びなど実現することは難しく、資質・能力を育成することも難しくなります。

まったく概念的知識のことに気がついていないとは思いません。ただ、
「この2ページで大事なことはなにか」
「この単元で大切にしていきたいことをみつけよう」
といった

気づくことができる
意識することができる

ための仕掛けが必要になります。

さて、ここに書かれている

これまで、長さや重さをくらべるときは、
・直せつくらべる
・別のものに写してくらべる
・数でくらべる
という方法を使ったね

・別のものにおきかえて、大きさを直せつくらべているね

・１つ分を決めて、くらべているね

・広さは、単位になる広さの何こ分で表すことができます

といったところが概念的知識になります。

このように教科書には書かれているのです。そもそもこの2ページは、

概念的知識を習得するための2ページ

なのです。カード実践を何単元にもわたって取り組んでいると、単元最初の方に教科書に書かれていることに子供たちは気がつきます。だから、子供たちは単元最初に作成したカードを使い続けるのです。

もし授業者が「たて×横」という長方形の面積の求め方の公式を重視していれば、これらの概念的知識を見落としてしまうということもあるのです。6ページであげた実践も、事例によってはこの概念的知識を意識した課題をしっかりと設定しています。授業者がこういったことを意識しているかどうかが問われることでしょう。

生きて働く知識

学習指導要領では、知識という用語だけでなく、「生きて働く」知識と書かれている箇所があります。

子供自身が知識を使うからこそ知識が生きて働く

ということです。カード実践でいうと、「カードに書かれている知識を子供が使う」ということです。

公式や筆算のアルゴリズムなどは「道具的理解」「手続き的知識」と本書では仮定しています。「道具的理解」である公式を使うことだけが、知識を使うというわけではありません。前述のように、それでは短期的な学

習になってしまい、新たな学習のたびにやり方を教えないといけなくなります。つまり、

知識を教えられただけでは、
知識を習得しただけでは、
生きて働く知識とはいえない

ということです。死んで動かない知識といわざるを得ません。そして、残念ながら「道具的理解」「手続き的知識」を重要視してしまうこれまでの授業がまだまだ多いというのが現状です。

デジタルドリルで知識・技能を習得させる
自由進度学習で知識・技能を習得させる

といったことは、一見、最先端のようにみえますが、そうではありません。これらの示す知識・技能は「道具的理解」「手続き的知識」のイメージです。

知識を詰め込むのではなく、知識を一方的に伝えるのではなく、先生が教える授業から、子供自身が知識を使い学ぶ授業へと転換が求められているということは事実としてあります。

子供自身が学ぶことにより得るものは「知識」です。

新たな知識を獲得することもあれば、現在獲得している知識をよりアップデートしていく、つまりは、

知識をより高次な知識にする

こともあるのです。知識をより高次な知識へとしていくためには、思考・判断・表現が欠かせないのです。

「できる」と「わかる」で整理

ここまで、関係的理解や道具的理解、概念的知識や手続的知識といった言葉で説明をしてきましたが、これらの言葉よりも比較的身近にあるであろう「できる」と「わかる」でまとめておきます。

「できる」は手続的知識であり、「できる」だけでは道具的理解にあてはまると考えています。公式、アルゴリズム、用語などが「できる」に関することです。

平均の単元だと「全部÷個数」があてはまります。先行学習の子たちが平行四辺形の面積の公式を使って答えを求めることができるけれど、なぜこの公式になるのかといったことがわからない状態です。

ちなみに「できる」は先生が教えないといけないこともあります。子供たちがわかったうえで、公式の言葉に置き換えて行ったり、整理していったりしていく必要があります。

一方で、「わかる」は概念的知識であり、「わかる」ということは関係的理解にあてはまると考えています。わかったことは、同じ領域の違う単元で活用することができるといったものだと考えています。

平均の単元だと「平に均す」があてはまります。これは、このあとの学習である単位量あたりの学習の基になっている考えです。

つまり、転移をしているということになります。平行四辺形の面積の求め方が「既習の図形に変形させることで求めることができる」ということがわかっていれば、このあとの三角形や台形やひし形の面積の学習においてもわかったことを使って考えることができます。

このカード実践では、

「わかる」をカードに可視化することができる
「わかる」が表現されたカードが子供によって精選されていく

「わかる」が表現されたカードを子供自身が使っていく

といったことができるということです。

TOPIC 1-5

タブレット端末が導入されたことで

タブレット端末が導入されたことで

どちらの授業がよい授業かを考えてみてください。

1年生の繰り上がりのあるたし算（2時間目）という設定です。

①9＋4の計算の仕方を、数図ブロックを使って考えよう。
②9＋4の計算の仕方を、Canvaを使って考えよう。

①の授業の数図ブロックとは、これまでのアナログの数図ブロックを使った進め方です。

②のCanvaを使って下のように、タブレット端末上で数図ブロックを操作していきます。次のページの図のように、必要な分だけ数図ブロックを学習者が複製をしたり、ペンで表現したりすることができます。これらの画像は、実際に子供が思考し、表現したものです。

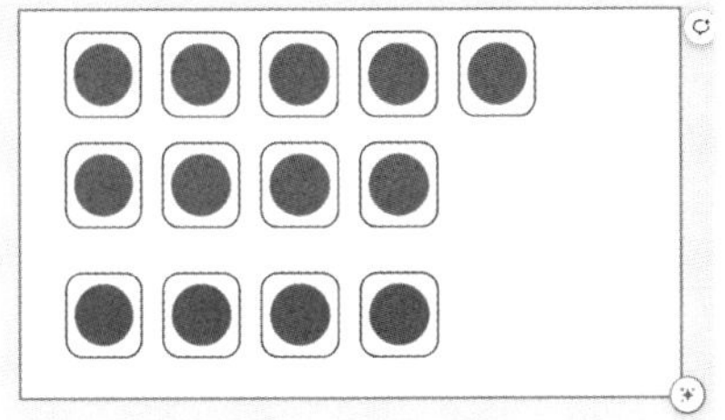
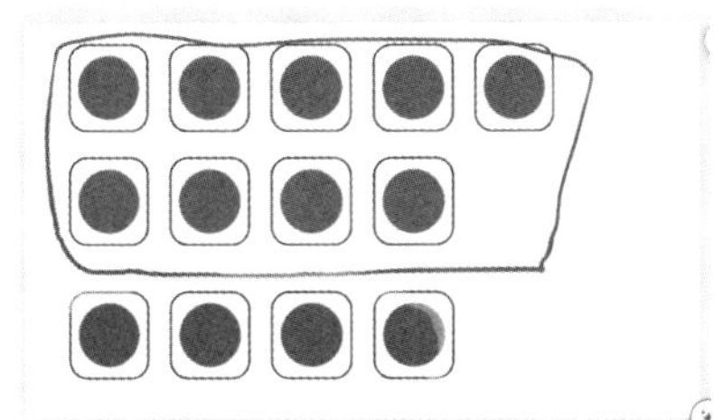

タブレット端末が導入されたことにより、クラウド上に保存することができるため、自分が操作したものを残すことができたり、見直したりすることができます。アナログの数図ブロックでは、保存することができません。

さらに、様々な色を使って描くことができたり、動かしたりすることができるといったように表現の幅が広がります。さらに、自分が表現したものを送り合ったり、見ることができたり、共同編集をすることができたりと、共有することや協働的に取り組むことが容易になります。

つまり、学びの速度がアップするということです。だからこそ、これまで以上に、

概念的知識の獲得や活用に時間をかけることができる

というわけです。

このカード実践でいう、「カードを選択する」「カードをつくる・創る」といったことに時間が使えるというわけです。

しかし、実際の授業ではそうなっていることが少なくはありません。実は、上の 2 つの数図ブロックの画像ではまずいのです。ここまでで、タブレット端末を使用した際のよさを書いてきましたが、どちらともよい授業ではありません。

みなさんわかりますか。実は上に載せているものは、概念的知識を獲得しているとはいえないのです。

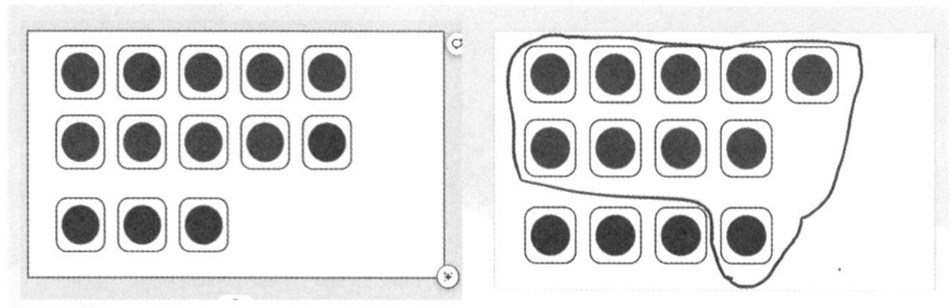

一方で上の画像のように表現していると、概念的知識を習得しているといえます。上の左の画像をみてみると、10のまとまりがあることがわかります。右の画像をみてみると、線で10のまとまりを囲んでいます。

この「10のまとまり」はこれまでに学習してきていることです。つまり、

10のまとまりという概念的知識を習得している
10のまとまりという概念的知識を活用している

ということになります。

習得している、活用している経験がある子は上のような思考や表現になります。

もし、「９個のブロックになるように、ブロックを出しなさい」「次に４個ブロックを出しなさい」「10個になるように線で囲みなさい」といったように、先生が「10のまとまりになるように操作しなさい」と言ってしまう活動は、活用していることにはなりません。ただ、先生の指示通りにしているだけです。これはタブレット端末だからという話ではなく、アナログの数図ブロックでも同様のことがいえます。何が言いたいのかといえば、

こういったアプリの機能に着目させるのではなく、
先生の言われた通りにさせるのではなく、
数学的な見方に着目させることが大切

なのです。数学的な見方に着目できれば、学んでいく方向性を決めることができます。

デジタルドリル、自由進度学習によって知識を習得する時間を短縮することができ、余った時間で新たな知識を習得・活用していくという主張に出会うことがあります。

この主張で言われている知識は、手続き的知識である

ことが多いです。つまり、道具的理解止まりになります。また、余った時間で概念的知識を習得していくのか、それともさらなる手続き的知識を習得させていくのかという点がよくわからない主張だと私は考えています。

授業の最後に、ただ単に練習問題や活用問題、難しい問題に取り組ませるという話も手続き的知識の習得です。手続き的知識の習得・活用がいらないと言っているわけではありません。ただどちらの知識も大切であり、必要であることを忘れてはいけません。

アナログであろうと、デジタルであろうと、子供自身が習得した概念的知識を活用するという場をつくるということが大切だということです。

TOPIC 1-6

主体的・対話的で深い学びとはなにか

主体的・対話的で深い学びとは

下の表は、独立行政法人教職員支援機構が出している主体的・対話的で深い学びのピクトグラム一覧になります。

主体的な学び	対話的な学び	深い学び
興味や関心を高める	互いの考えを比較する	思考して問い続ける
見通しを持つ	多様な情報を収集する	知識・技能を習得する
自分と結び付ける	思考を表現に置き換える	知識・技能を活用する
粘り強く取り組む	多様な手段で説明する	自分の思いや考えと結び付ける
振り返って次へつなげる	先哲の考え方を手掛かりとする	知識や技能を概念化する
	共に考えを創り上げる	自分の考えを形成する
	協働して課題解決する	新たなものを創り上げる

講師依頼を受けた研修やセミナーで、「主体的・対話的で深い学び」について話をするとき、このピクトグラム一覧を最近はよく使用しています。私は「主体的・対話的で深い学び」を考えていくとき、このピクトグラムがわかりやすいと考えています。

対話が重要と言われ、授業における話し合い活動が頻繁に行われるようになりました。しかし、単にペアやグループで話し合いをさせたらよいというわけではありません。その対話している活動が、

・互いの考えを比較する
・多様な情報を収集する
・共に考えを創り上げる

などの場になっているのかということです。そうなっていなければ、対話とはいえないということです。

深い学びで7個のピクトグラムがあるなかで私が特に注目するのは、

・知識・技能を活用する
・自分の思いや考えと結び付ける
・知識や技能を概念化する
・自分の考えを形成する
・新たなものを創り上げる

という5項目です。この知識や技能を概念化するのが「概念的知識」です。

今日あなたが取り組んだ算数授業で、5項目のどれかを達成できていないのであれば、概念的知識を習得・活用していない授業ということです。

ただし、

1時間の中で必ずしも「深い学び」を実現できるかどうかはわからない

ということを忘れてはいけません。

学習内容によっては1時間の授業のなかで深い学びが実現できることもあります。しかし、学習内容によってはこの時間は深い学びの一歩手前で終わり、次の時間に深い学びを実現するということもあるのです。

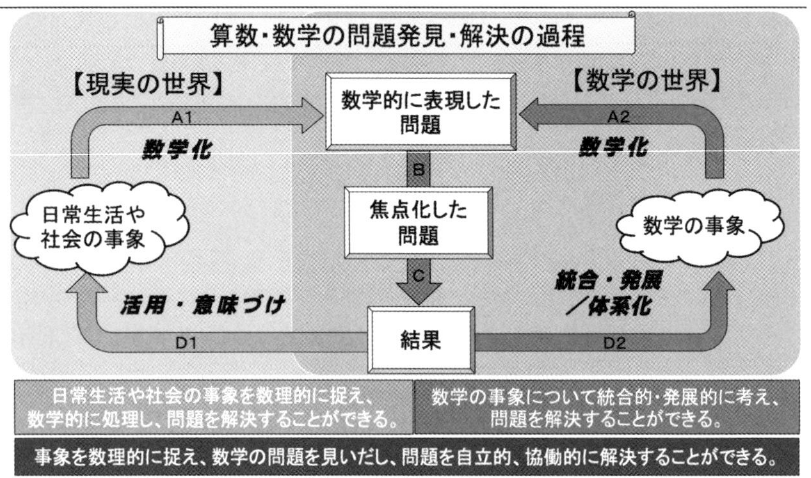

上の図は、学習指導要領にも掲載されている「算数・数学の学習過程のイメージ図」です。今回の学習指導要領では、

単元内でこのサイクルを何度も回していきましょう

ということがいわれています。つまり、1時間でサイクルを回すこともあれば、回らないこともあるということです。

つまり、A1→B→Cもしくは、A2→B→Cで1時間の授業が終わることもあるということです。そして、次の時間にはD1もしくはD2から始めるというような授業展開でもよいのです。

次の時間はD1もしくはD2から始めないと、単元内でこのサイクルが回っていかないのです。

全国各地にある多くの「○○スタンダード」は1時間でサイクルを回すという発想です。しかし、そうではありません。もっと柔軟に授業展開を考えていってもよいという指導観をもつ必要があります。

こんなことを書いておきながら、私はこれまでの自分が行ってきた算数授業で、

- D1　活用・意味付け　D2　統合・発展／体系化　のプロセスを授業に取り入れる
- そもそもこのサイクル自体を回す

ということが苦手でした。

しかし、本書で提案しているカード実践では、

D1　活用・意味付け　D2　統合・発展／体系化のサイクルを回す

ことができます。そのためのサイクルを第3章から紹介しています。

前述の深い学びのピクトグラムもカード実践に対応しています。

- 知識・技能を活用する
  →カードを活用する
- 自分の思いや考えと結び付ける
  →カードを選択する、または過去のカードと今日の学習を関連づける
- 知識や技能を概念化する
  →カードに表現する内容やレアカード
- 自分の考えを形成する
  →カードに書く
- 新たなものを創り上げる
  →カードとカードを合体させる、またはレアカード

などのように深い学びを実現させることができます。

もちろん、カードを授業の最後に書かせればよいという話ではなく、何でもよいというわけでもありません。

算数科における深い学びをより詳しく

深い学びのピクトグラムのなかで、「知識や技能を概念化する」とありますが、概念化していくうえで、「統合・発展」ということが大切です。この統合・発展が算数科における深い学びです。

「小学校学習指導要領（平成29年告示）解説　算数編」（p.26）では、「統合・発展」について、次のように説明されています。

統合的に考察する
異なる複数の事柄をある観点から捉え、それらに共通点を見いだして一つのものとして捉え直すこと。発展的に考察を深める場面では、統合的に考えることが重要な役割を果たしている。

発展的に考察する
物事を固定的なもの、確定的なものと考えず、絶えず考察の範囲を広げていくことで新しい知識や理解を得ようとすること。

カード実践では、カードをつくり、つくったカードを選択して使っていく。そして、カードを創るというサイクルを繰り返すことで、本時で出てきた多様な考え、既習と本時の学習といった複数の事柄から共通点を見出して一つのものとしてとらえ直す。つまり、子供自身で統合的に考えることができるのではないかと考えています。

そして、一つのものとしてとらえ直したものがカード上で表現されています。そのカードが条件を変えた問題、適用範囲を変えた問題に取り組むとき、新たな視点から問い直すときにも、「使えるのか・使えないのか」ということを考えることができます。つまり、子供自身で発展的に考えることができるのではないかと考えています。

CHAPTER 2

カード実践の実際

TOPIC 2-1

「CARD」に込めた思い

お待たせしました。ここまでのことを踏まえて、カード（CARD）実践について説明していきます。カードを使っているから「カード実践」としているだけではありません。それぞれの頭文字に意味が込められたものが「カード（CARD）」実践になります。この「CARD」の文字には、子供自身が

「Connect」

「Assess」

「Reflect」

「select &Decide」

に取り組み、深い学びを実現することができるという意味を込めて、それぞれの頭文字をつないでいます。

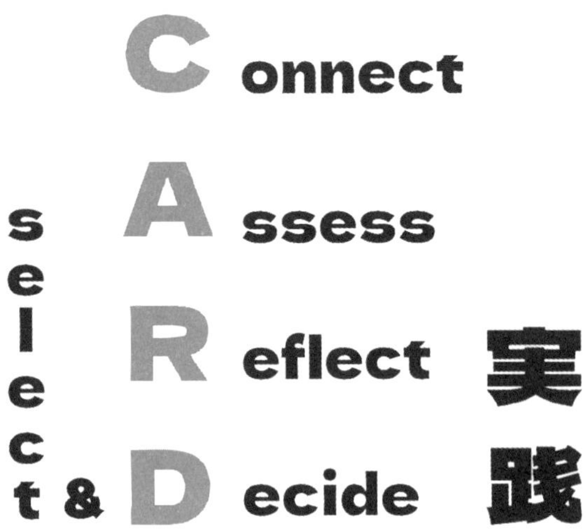

それではそれぞれの文字に込めた思いについて説明をしていきます。

Connectは「つながる」という意味です。カード実践では、これまでに学習したことと本時の学習がつながる、知識と知識がつながる、自分の考えと他者の考えがつながる、教材と自分の考えがつながる、カードとカードがつながるといったようにたくさんの「つながる」が表れます。

Assessは「評価」という意味です。カード実践では自分の作成したカードはどうなのか、自分の作成したカードは使えるのかどうかといったように自分で評価をする機会がとても多いです。また、子供たちが作成したカードを見て、授業者も子供たちがどのようなことを考えているのかを把握することができます。

Reflectは「ふりかえる」という意味です。カード実践では自分たちでこれまでの学習をふりかえります。次のページからは子供たちのアンケート結果を紹介しています。その中でカード実践のよさとして「ふりかえる」ということを書いている子が多くいました。実は、私にとっては意外な結果でした。

select&Decideは「選択し、決定する」という意味です。カード実践では、自分のカードのなかからこの問題に対してどのカードが使えるのか選択し、決定する機会が毎時間あります。また、授業の終盤には、本当にカードが効果的に使えていたのかどうか選択し、決定する機会があります。これまでの算数授業よりも多くの選択し、決定する機会があります。

TOPIC 2-2

カード実践に取り組んだ子供たちの感想

カード実践に半年間取り組んだ5年生の子供たちのアンケート結果をご覧になり、カード実践のよさを子供の事実（アンケート）から感じてください。質問・結果は、次のようになりました（記述結果は抜粋)。

子供たちへの質問に対しての記述を ユーザーローカル テキストマイニングツール（https://wordcloud.userlocal.jp/）による分析をした結果について解説していきます。

質問1　カード実践によって、これまでの学習を使って考えることができるようになりましたか？

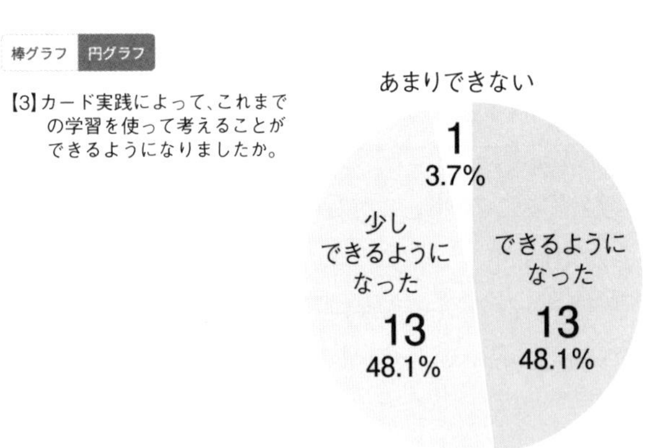

ほぼ全員がプラスの回答をしています。「あまりできない」を選択した子は、「まだレアカードが見つかっていない」と書いていました。

質問２　選択した理由について書きましょう

・カードをつくるおかげでふりかえることも思い出すこともできた
・なぜならそのカードのキーワードを使ってたくさんのことができるようになったから
・カードで授業の大事なところやポイントをおさえることができるので、その単元のときに使うことができるから
・前の学習の内容を忘れてもカードをみるだけで思い出すことができるから
・今までは前にやった学習に記憶が薄かったからつかうことがほぼなかった。でもカードに書いてあるとみるだけで簡単に思い出せるから
・カードをつくることによって前回の授業のふりかえりができたから
・苦手だった分数も約分や通分のカードをみるとすぐに解くことができるから
・４年生のときより５年生になってカード学習するようになってから勉強を実践できるようになって、さらに学べるし賢くなるようになって、楽しくわかるようになりました
・レアカードとかは、他の単元でも使えるから、「あれ、この方法はどうするんだっけ」ってなってもカードで保存されているから便利
・わからないときカードを使ってできるから
・カードをつくることにより復習できるようになって、少し前に学習したところの問題もできやすくなったり、これからの学習もカードを使えるから

〇質問２の回答をテキストマイニングで分析すると次のようになりました。

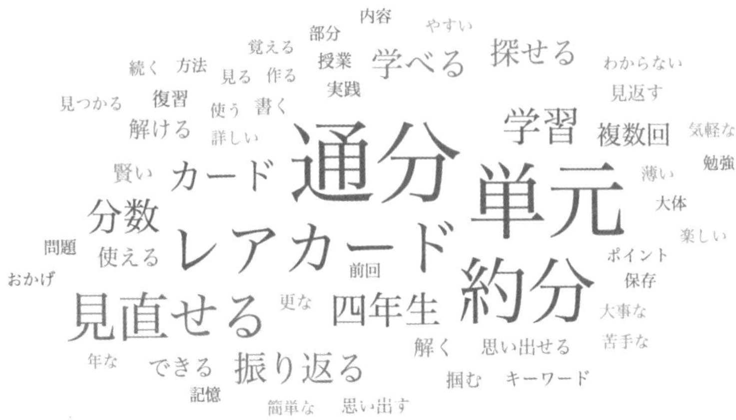

この結果をみると、直前の単元に関する用語である「通分」「約分」がでてきていますが、それとともに「レアカード」「単元」といった興味深いワードが上位にきています。

また、「見直せる」「学べる」「深める」「思い出せる」といった学習者が主語になる動詞も多く出てきていることがわかります。カード実践の特徴をしっかり子供たちも実感してくれています。

質問３　カード実践によって、学びを深めることができるようになりましたか？

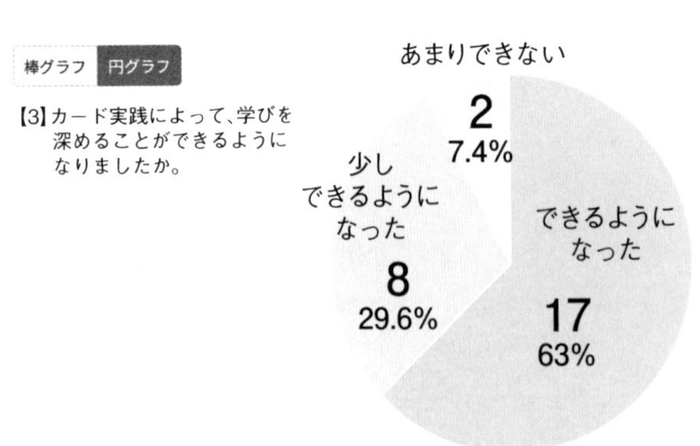

アンケートをしているときに、「学びを深めるってどういうこと？」と質問をしている子はいましたが、それでもほぼ全員がプラスに感じているという結果が出ました。

質問４　選択した理由について書きましょう

・カードを振り返るとできるようになった単元があったから
・カードをつくることで授業のことをもう一回考えることになったから
・大事なところやポイントをおさえられるから
・重要なことを書いているので、それを応用して問題を解けるから
・カードに書いたポイントから考えることができるから
・簡単に思い出せるようになって「なぜ？どうして？」と考えられるようになってそれの答えを考えたりするようになったから
・カードをつくることによって前回の授業の振り返りができたから
・レアカードとかは、他の単元でも使えるから、「あれ、この方法はどうするんだっけ」ってなってもカードで保存されているからいい
・カードで公式などを書くことで、「なんでそうなるか」とか「〇〇したらこうなる」とかが理解できるから

〇質問４の回答をテキストマイニングで分析すると次のようになりました。

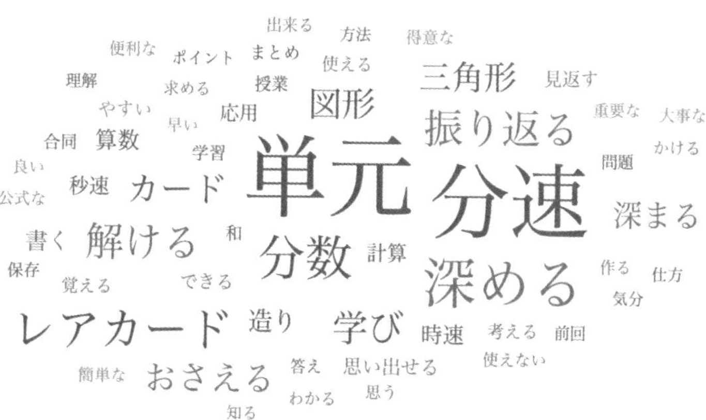

「レアカード」「単元」といった用語が出てきています。また、今日の学習のために「見直せる」「振り返る」という用語もあります。つまり、本時の学びと既習を関連づけることで、学びを深めることができると子供たちは実感していることがわかります。

質問５　カード実践の１番のよさはなんだと思いますか？
（記述回答）

・ふりかえりができる
・過去にもやったことがもう一度復習できてその時にやっている勉強も覚えられて一石二鳥ということ
・後で見返せる
・残せることが楽しいこと
・たくさんの算数に関してのキーワードでわかりやすいところ
・大事なところやポイントをおさえられるところ
・気軽に学習を深めることができること
・同じ単元が続いたときにポイントをつかんで解けること
・今までの学習をふりかえることができるから
・ノートだったらどこに書いたかわからなくなるけど、カードだったらカードフォルダーを開いて探すだけだから簡単なのと、次の学習のときにすぐ理解できるし、カード実践をやっていると中学受験とか大人のときに役立つかもしれないから一石三鳥
・わからないときでもカードをつくっていたのを見れば問題が解けるし、正解する確率が上がったような気がしました
・前の授業の内容がくわしく知れること
・方法が保存される
・わからないときカードをふりかえると思い出せるかなとおもいます
・どういう授業があったか　どういう前回やったことがどんなふうに使えるかなどを考えられるという利点があると思います。
・前の単元を使うときにふりかえられるところがよいと思う

子供の記述は「振り返る」「学習方略」「前回とのつながり」というようにさに分類・整理することができます。

○質問 5 の回答をテキストマイニングで分析すると次のようになりました。

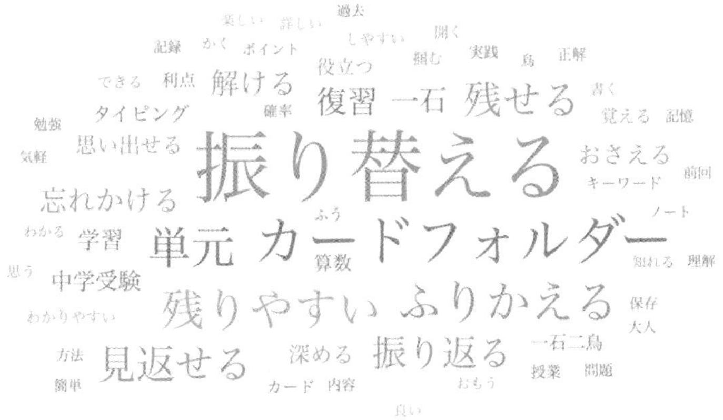

※実物データになります

カードを用いる効果は「振り返る」「残る」ということを子供たちは実感していることがわかります。そして、「カードフォルダー」を用意しておくことで知識を蓄積することができることも実感できています。

このような成果が出るカード実践。みなさん、どんどん興味をもたれたのではないでしょうか。

次に、5年生単元「速さ」の1.2時間目の展開について紹介していきます。まずは初めて聞くカード実践についてイメージしてほしいのです。カード実践の具体的な流れはこの後で説明をしていきます。

TOPIC 2-3

5年単元「速さ」1時間目

5年生の単元「速さ」の学習（1時間目）の様子を紹介します。6月の実践です。カード実践を始めて数単元が終わっている状態です。

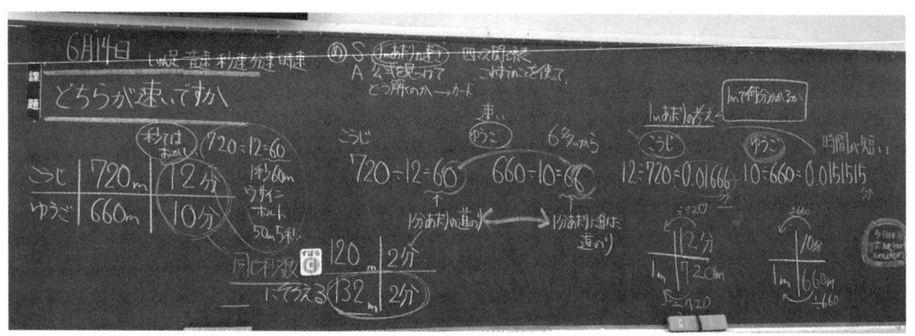

①　問題に出会い、使えるカードがあるのかを探す段階

まずは、

> 課題　どちらが速いですか

と他の情報もなく提示をしました。子供たちは戸惑います。だから、子供たちは他の情報をほしがるというわけです。

そして、この課題を解決するためには、どのような情報があればよいのかを全体で交流をしました。そして、

> こうじ　　道のり　720m　12分
> ゆうご　　道のり　660m　10分

という問題を提示しました。これは教科書の問題（学校図書５年上）です。

実はこのとき、「こうじ　道のり　720m　12秒」と書き間違えたのです。子供たちからは、
「速すぎる！」
「私の50m走、こんなタイムだったよ」
「世界新記録すぎる！」
「ウサインボルトが50m５秒ぐらいじゃないの？」
など、この数値設定に対する違和感が子供たちから出てきました。子供たちには速さの感覚があると言えます。

このとき、「50m５秒ぐらいじゃないの？」というつぶやきから、720÷12＝60という考えが出てきました。このときは、深掘りせずに進めることにしました。

次に、「問題を解決するために使えるカードはありませんか」と子供たちに問いかけました。子供たちはカードフォルダーからカードを探しました。このときに、子供たちが選択をしたカード（選択した人数）は以下のようになりました。

- 平均＝全体÷個数（1人）
- １あたり（3人）
- 均す（1人）
- ４マス関係表（13人）

この結果をみて、

学級の７割以上の子供たちが過去につくったカードを選択している

ということに驚きませんか。特に「平均＝全体÷個数」「均す」といったこれまでの単元と結びつけている子には、私自身驚きました。

カード実践以外の授業でも、これまでの知識を使っている子はいたこ

とでしょう。でも、

どの子がどのような知識を働かせているのかはなかなかわからなかった

ことです。可視化されているからこそ、

授業者は子供たちの様子を把握し、指導へと活かす

ことができます。

問題を解いていても、知識を活用していることは自覚していない可能性もあります。それがカードで可視化されているため、

子供自身もこのカード（知識）を使っているんだと自覚する

ことができます。

② めあてをつくる段階

このあと、めあてづくりを行い、めあてを交流しました。

「新しいカードをつくる」というめあてを設定したのは2割ほどでした。このとき、「4マス関係表」のカードを子供たちは全員持っています。

しかし、「新しいカードをつくる」と設定した子は「4マス関係表」のカードを選択していないことになります。

このように「新しいカードをつくる」子たちのなかには、「平均＝全体÷個数」「均す」といったカードを持っているにもかかわらず、選択していないということになります。

③ 問題を解き、全体で交流する段階

実際に問題について考え、全体で交流をしていきます。全体ではまず、

1分あたりの道のりの考えを取り上げました。

こうじ　720÷12＝60
ゆうご　660÷10＝66

といった式だけでなく、60や66は何を表しているのかということを問い返し、確認をしていきました。

次に、1mあたりの秒についての考えを取り上げました。

こうじ　12÷720＝0.01666………
ゆうご　10÷660＝0.015151515………

といった式だけでなく、0.01666………や0.01515………は何を表しているのかを問い返し、確認をしていきました。

子供たちは1mあたりの秒の考えに納得しない（このように考えてもよいのか、計算してもよいのか）ところがあり、4マス関係表を使い、子供たちは説明をしていました。

また、なぜこのような計算をするのかということも話題になり、「そろえる」ことが大事であるということを全体で共有をしました。

最後に、

速さは、単位時間あたり進む道のりで表します。
速さを求める式　速さ＝道のり÷時間

というまとめを黒板に書きました。

④　カードをつくる・創る　または　使ったカードを交流する段階

1時間の授業をふりかえり、カードをつくる・創る活動に取り組んでいきます。

授業終盤のカードの様子が下の表の右側になります。

授業序盤	授業終盤
・平均＝全体÷個数（1人） ・１あたり（3人） ・均す（1人） ・４マス関係表（13人）	・速さ＝道のり÷時間（7人） ・平均＝全体÷個数（1人） ・１あたり（8人） ・均す（1人） ・そろえる（1人） ・４マス関係表（13人）

（複数枚書いている子もいます）

「速さ＝道のり÷時間」というカードをつくった子が７人、「そろえる」というカードをつくった子が１人いました。公式をカードに書く子は、学級の４分の１程度でした。公式を書く子は、案外少ないのです。カードサイクルを何度も回していくなかでどんどん減っていったという印象です。先行学習の子たちも多くいますが、公式を選択しないのです。
「１あたり」というカードをつくっている子が５人もいることがまた驚くべきところと言えます。

⑤　カードを使えるか確かめる段階

「今、みんながつくった・創ったカードはちがう数値になった問題でも解くことができるかな？」
　と言い、下のような問題を出しました。

> 56mを８秒で走った人と60mを10秒で走った人とでは、どちらが速いですか。

　このときの子供たちは問題を解決しながら、カードを使うことができるのかということを考えています。

⑥　ふりかえりをする段階

「Padletに自分のめあてに対するふりかえりを書きましょう」と子供たちに言い、子供たちはふりかえりを書き始めました。

※補足１
学級の人数は32人になります。欠席者や特別な事情などでカードづくりができていない子を除くと、26人の子たちがカードサイクルに取り組んでいました。

※補足２
本提案は私の博士課程の研究になるため、子供たちがどのようなカードをつくっているのか・使っているのかというデータを集めています。そのため、最初に何を選択したのか・レアカードがあるのか・最後につくったカードは何かということを、子供たちに授業の最後に提出するようにしています。そのためどの子がどのようなカードをつくったのか、使ったのかを把握することができるようになっています。
こういったことを通常でも行うのかは要検討です。

※補足３
子供はこれまでに「合同な図形」「平均」「単位量あたり」「小数のかけ算・わり算」の単元でカード実践に取り組んでいます。

TOPIC 2-4

5年単元「速さ」2時間目

5年生の単元「速さ」の学習（2時間目）の様子を紹介します。

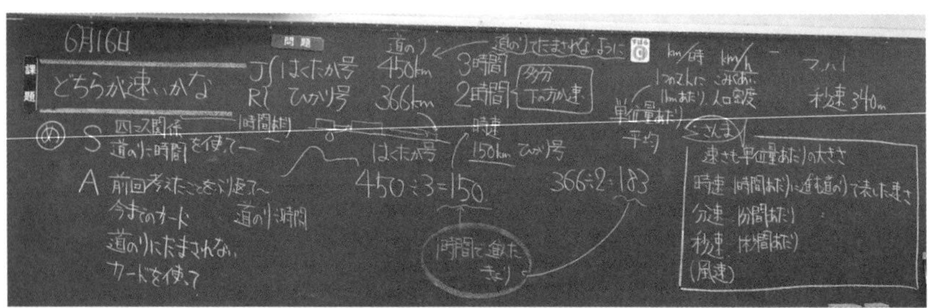

① 問題に出会い、使えるカードがあるのかを探す段階

まずは、

> 課題　どちらが速いかな

と提示しました。

そして、この課題を解決するためには、どのような情報があればよいのかを全体で交流をしました。子供たちからは「道のり を知りたい」「時間を知りたい」といったことが出てきました。

そこで、

> はくたか号　道のり　450km　3時間
> ひかり号　　道のり　366km　2時間

という問題を提示しました。これは教科書の問題（学校図書５年上）です。

ここで、問題を解決するために使えるカードがないかを子供たちは探します。このときに、子供たちが選択したカードは以下のようになりました。

- 速さ＝道のり÷時間（1人）
- 平均＝全体÷個数（1人）
- １あたり（6人）
- 均す（1人）
- そろえる（1人）
- ４マス関係表（10人）

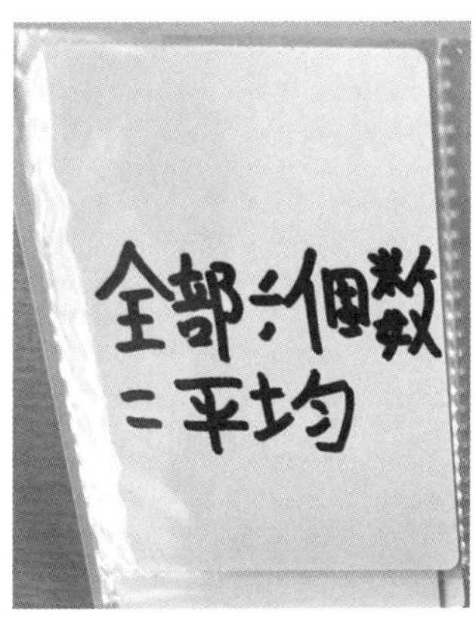

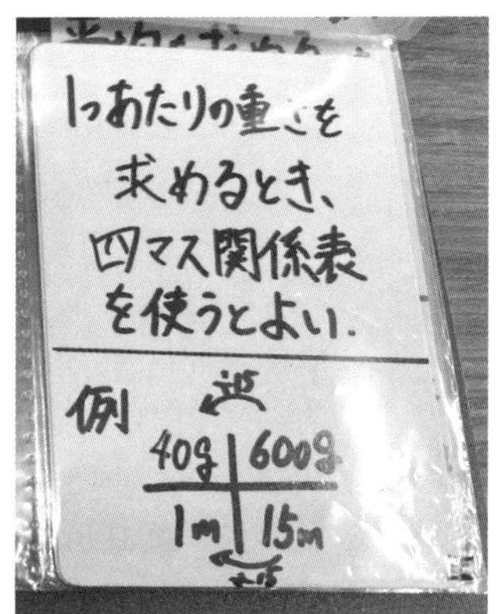

②　めあてをつくる段階

このあと、めあてづくりを行い、めあてを交流しました。

- ４マス関係表を使って考えよう
- 道のり÷時間を使って考えよう

というめあては具体的に書けているため、Sにしています。

一方で、

・前回考えたことをふりかえって～

・今までのカードを使って

・カードを使って

といったものは「前回考えたこととは何か」「今までのカードとは何を表しているのか」といったことが書けていません。具体的なことが書けていないため、SではなくAにしました。

③　問題を解き、全体で交流する段階

450÷ 3 ＝150

366÷ 2 ＝183

「150とは何を表しているのか」「183とは何を表しているのか」ということを問い返しました。

そして、

これまでの学習で似ていることはないか

ということを問い返しました。これまでの学習と本時の学習を関連づけるということを意図しました。子供たちからは、

・平均

・単位量あたり

・人口密度

・混み具合

・１mあたり

といった過去の学習について出てきました。

ここで、秒速・分速・時速ということを教えました。

私：150km（はくたか号）は１時間で進んだ距離のことだから、時速150kmと言います（と子供たちに教えます）。
私：じゃあ、ひかり号は１時間で進んだ距離は183kmだから、なんて言う？
子供：時速183km！
（マッハとは秒速340mといった話題も出しました）

速さも単位量あたりの大きさ
時速　１時間あたりに進む道のりで表した速さ
分速　１分間あたりに進む道のりで表した速さ
秒速　１秒間あたりに進む道のりで表した速さ
（秒速は風速ということも伝える）

というまとめを黒板に書きました。

④　カードをつくる・創る　または　使ったカードを交流する段階

１時間の授業をふりかえり、カードをつくる・創る活動に取り組んでいきます。授業終盤のカードの様子が下の表の右側になります。

授業序盤	授業終盤
・速さ＝道のり÷時間（1人） ・平均＝全体÷個数（1人） ・１あたり（6人） ・均す（1人） ・そろえる（1人） ・４マス関係表（10人）	・速さ＝道のり÷時間（1人） ・平均＝全体÷個数（1人） ・１あたり（17人） ・均す（1人） ・そろえる（8人） ・時速、分速、秒速の意味（3人）

２時間目の終盤には、「時速、分速、秒速の意味」よりも「１あたり」のカードをつくった・創った子が急増しました。

⑤　カードを使えるか確かめる段階

下の問題を出し、自分のカードを使えるか確かめる時間を設けました。

> リニアモーターカーは860kmの道のりを 2 時間で走ることができます。この速さで、リニアモーターカーが実際に走ったときの時速を求めましょう。

⑥　ふりかえりをする段階

「Padletにふりかえりを書きましょう」と指示をしました。子供たちが書いたふりかえりです。

・やっぱり「1 あたり」で考えることができた
・「1 あたり」がレアカードだと思う
・「そろえる」カードをつくった

この単元の子どもたちのPadlet

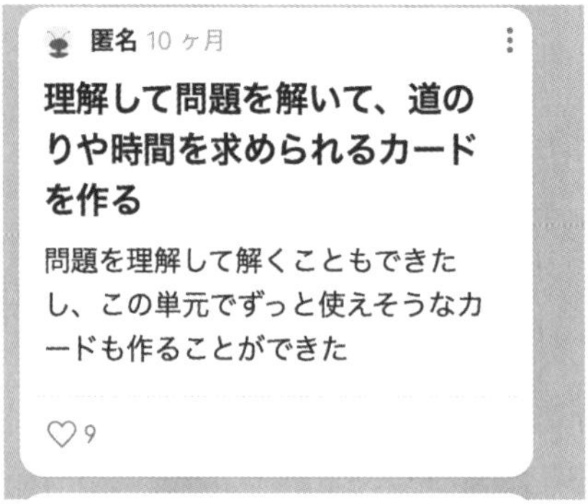

匿名 10ヶ月

理解して問題を解いて、道のりや時間を求められるカードを作る

問題を理解して解くこともできたし、この単元でずっと使えそうなカードも作ることができた

♡9

この子は上にめあて、下にふりかえりを書いています。
この単元でずっと使えそうなカードをつくることができたと書いています。この子は次の時間にはこのカードを試していくことになります。

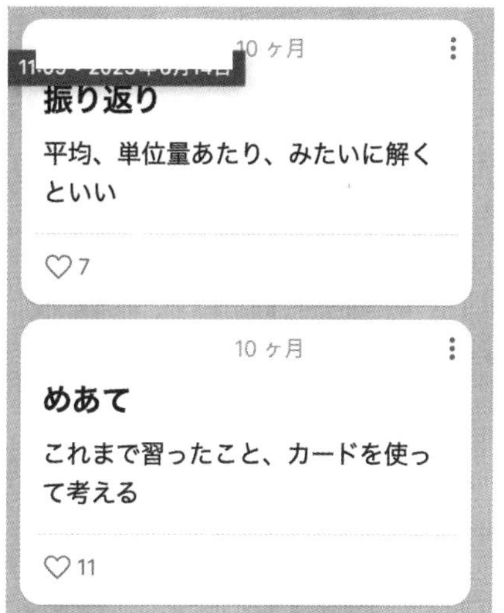

この子はこの授業で、これまでの学習である平均、単位量あたりについてカードを使って考えることができるんだということを実感できたことでしょう。

匿名 10ヶ月

今まで習ったことを使って1mあたりの速さを求められるようになろう

1mあたりの速さを求めるには時間÷距離でできる

13

今までに学習したことを使うという意気込みがよいですね。もう少し具体的に書くことができれば、よりよいですね。

TOPIC 2-5

1時間目と2時間目からわかるカード実践のメリット

1・2時間目で共通していたこと

1時間目、2時間目のどちらにも共通していた学習過程が、この6つの段階のあるサイクルです。

①問題に出会い、使えるカードがあるのかを探す段階
②めあてをつくる段階
③問題を解き、交流する段階
④カードをつくる・創る　または　使ったカードを交流する段階
⑤カードを使えるか確かめる段階
⑥ふりかえりをする段階

これらの詳しい説明は3章をご覧ください。

「速さ」は新しい学習ではない

樋口学級の子供たちは「速さ」を新しい学習とはあまり考えていないように見えました。

1時間目の問題から「平均＝全体÷個数」「1あたり」「均す」ということをすればよいと考えている子が少数ながらいました。「速さ」の単元で、平均で学習した「平均＝全体÷個数」「均す」知識を使っている子に

ほとんど出会ったことはありません。

　これはなかなかすごいことではないでしょうか。こういった子はこれまでの学習とのつながりがもう見えているのです。

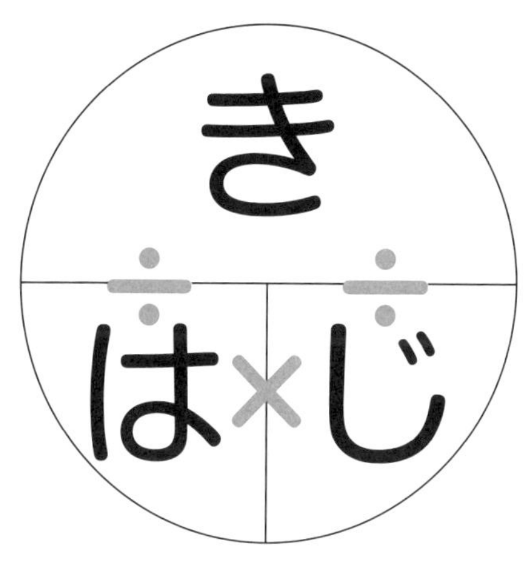

「速さ」の単元では、右の図のような「は・じ・き」を使って考えることを先行して教わる子たちがいます。この図では「『は』は速さ」「『じ』は時間」「『き』は距離（道のり）」を表しています。この「は・じ・き」は、

・時速（速さ）を求めたい場合は「は」の部分をかくし、「き」を「じ」でわる
・距離（道のり）を求めたい場合は「き」の部分をかくし、「は」と「じ」をかける

　といった使い方をします。

　先行学習している子たちはいます。この「は・じ・き」についても知っています。しかし、子供たちは「は・じ・き」という知識を使わずに、既習をもとに問題に取り組んでいます。

　そして、多くの子は「4マス関係表」を使えば、考えることができると判断しています。つまり、多くの子供たちは、

　　　これまでにつくったカードを使えば、考えることができる

と考えているのです。

3問解いてみてください

カードのよさを実感してもらうために、3問解いてみてください。

【1問目】2人で12個集めました。1人何個集めましたか
【2問目】2㎢で12万人が住んでいます。1㎢に何人いますか
【3問目】2時間で12km進みました。1時間で何km進みましたか

この3つの問題で共通するところはどうでしょうか。
式に表すと、

【1問目】　12÷2＝6
【2問目】　12(万)÷2＝6(万)
【3問目】　12÷2＝6

といったように式は共通しています。しかし、その見方だけでは弱いです。

【1問目】　1人あたり6個
【2問目】　1㎢あたりに6万人
【3問目】　1時間あたりに6km

といったように求める答えが1人あたり、1㎢あたり、1時間あたりといった

1（単位）あたりどれくらいか

を考えるという同じ構造の問題になっているのです。

このカード実践は、こういったことに気づいてほしいのです。

これらの問題は、1問目は【3年生 わり算の問題】、2問目は【5年生　速さの問題】、3問目は【5年生 人口密度】になります。

こういったことに気づくことで、

同領域内の単元間で知識の転移ができる

と考えています。

子供たちは、人口密度とは1㎢あたりに何人いるのかということ、時速が1時間あたりに進む距離（道のり）ということさえ知っていれば、

これまでに学習してきたことを使って、考えることができる

ということです。これが知識の転移だと本書では考えています。ちなみに人口密度とは何か、時速とは何かは

先生が教えること

もしくは、

「今みんなが考えてきたことは〇〇というんだよ」と置き換える

ということは先生の役割です。

算数という教科は、ここまでにも書いているように、

単元ごとに新たなことを0から学んでいくのではない
これまでの学習と大きくつながっている

のです。こういった「つながり」が、主体的・対話的で深い学びを実現しているのではないかと考えています。

こういったことを実感し、カード（知識）を活用することができれば、「はじき」を教える必要なんかありません。

2時間目の終わりには、学級の8割以上の子供たちが既習である

・1あたり（17人）
・均す（1人）
・そろえる（8人）

ということと関連づけて、カードを創っています。1時間目以上に、これまでの学習とつなげている子が増えています。

このカード実践は

既習と現在の学習をつなぐことが容易になる

のです。

カードによって視覚化しているため、自分で使用するカードを選択しているためここまで既習のことと関連づけることができるのでしょう。

子供たちのアンケートをみていると、「ふりかえる」というキーワードを書いている子が多くいました。カードを選択するときにふりかえるだけでなく、既習と現在の学習をつなぐためにもふりかえりを自分から行っているのです。

ちなみに、「はじき」のデメリットの一つは、文を把握しなくても解けることです。文章から「『は』は速さ」「『じ』は時間」「『き』は距離（道のり）」を抜き出して、「はじき」にあてはめるだけの作業になります。だから、次のような問題の場合、問題の構造を把握することができなくなり、解くことができなくなります。

> まんたくんは、分速40mの速さで家から学校に向けて歩いていきました
> その15分後に、まんたくんのお姉さんが自転車に乗り、分速200mの速さでまんたくんを追いかけました
> 何分後にまんたくんに追いつきますか

小学校の先生で、「はじき」ありきの指導をみると、主体的・対話的で深い学びを実現しようとしていないのかなと残念な気持ちになってしまいます。さて、カード実践をつかめてきたでしょうか。

TOPIC 2-6

カードとは

カードには何が書かれるのか

本実践の大事なキーになるカードについて説明をしていきます。子供たちが書くカードには、

「数学的な見方・考え方」
「概念的知識」

といった算数科における本質に関することが最終的には表現されます。「最終的には」と書いたのは、1時間単位でこの子はよくカードをつくれている（＝本質に気づき、活用することができている）と判断するわけではないということです。

次ページ以降にあるカードは「折れ線グラフ」の学習で、2人の子（Aさん、Bさん）が単元を通してつくったものになります。

Aさんは、単元を通して9枚のカードをつくったことになります。

・とにかく書く
・(棒グラフをかくときは) 棒をずらさない
・折れ線グラフの点は真ん中に点
(解説:棒グラフから折れ線グラフをかくための点の取り方について書いています)
・(折れ線グラフをかくときは) 線をずらさない
・折れ線の点がいる

・折れ線は点と棒がいる
・まず表から読み取り、棒グラフに点をうち、それをつなぐ（棒グラフ→折れ線グラフ）

といった内容のカードがあります。これらのカードは「技能に関するカード」と言えます。

その一方で、

・ちがいを詳しく読み取る
・変わり方をまとめる

などの「本質的な内容のカード」もあります。

これらのカードは、単元を進むにつれて、つくり出したものになります。「とにかく書く」、中には「一生けん命がんばる」「ミスがないようにする」といった「態度面のカード」を書く子もいます（詳細は次のページ）。

本実践は4年生の「折れ線グラフ」ですが、本校では私学であるため先取り学習をしており、3年生の3学期にこの実践を行いました。3年生の子供たちでもここまでのことを書くことができるのです。

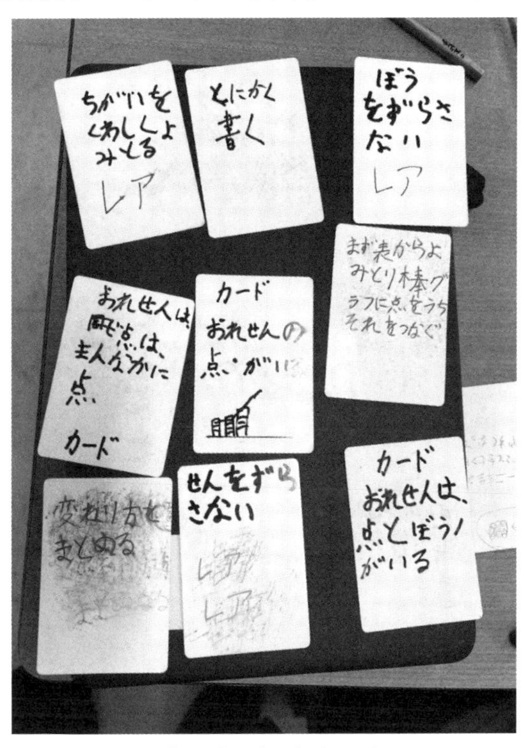

Aさんがつくったカード

態度面のカードを書く子もいる

初めてカードを書くときには、

・もっと練習をして問題を解けるようになる。
・あきらめずに問題を考える
・一生懸命に考える

といった算数科における授業の態度面に関する内容を書く子もいます。

下の画像は、1年生で3口のたし算の学習をしたときに、はじめてカードづくりをした子たちのカードです。

1年生でも、そして5年生でも態度面のことを書く子はいます。このようなカードを子供が書いたとしても、ダメだとは思わないでください。子供たちは、「授業をふりかえって、大切なことを書こう」と言われて書き出しているものです。

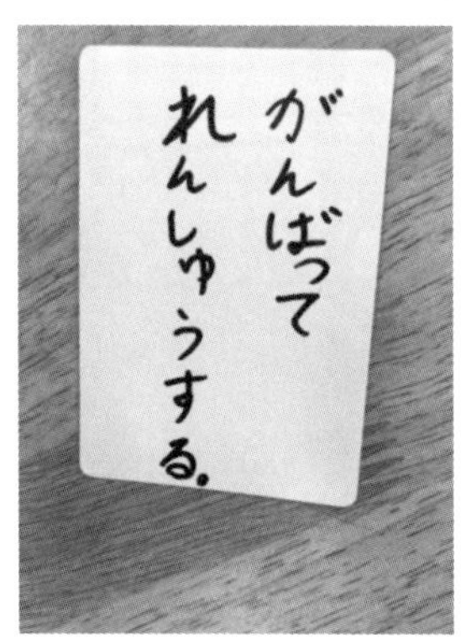

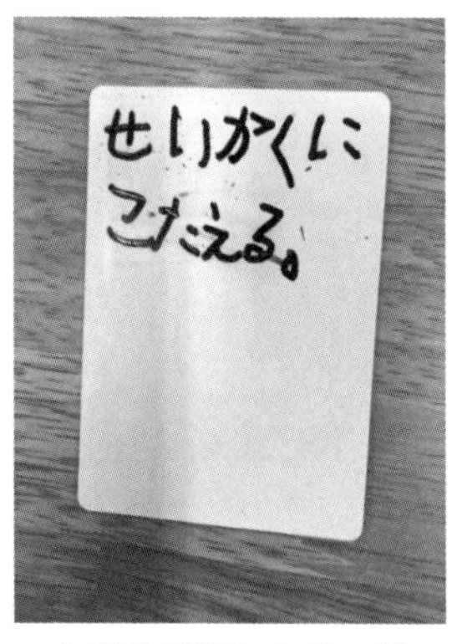

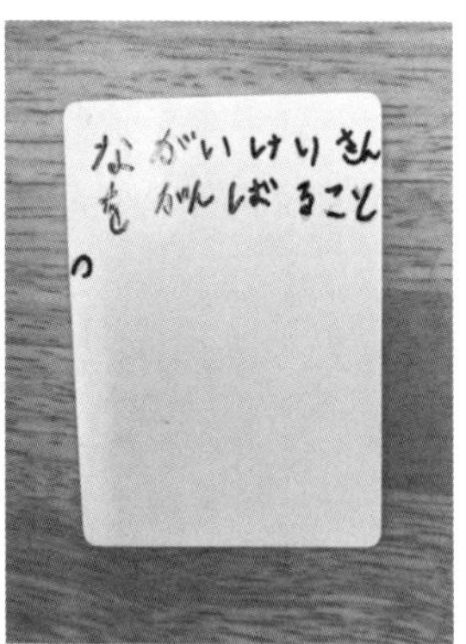

1年生が書いたカード

こういったカードも98ページで紹介しているサイクルを何度も単元の中で回していく中で、自然と淘汰されていきます。

「あきらめずに問題を考えるって、あたりまえのことか」と子供自身が言い出し、先生ではなく、子供自身カードを精査し始めます。

最終的には、態度や技能的な内容が書かれているカードではなく、

「数学的な見方・考え方」「概念的知識」

などの本質的なカードが残っていきます。

量ではなく質が大事！

Bさんがつくり出したカードが以下の画像になります。

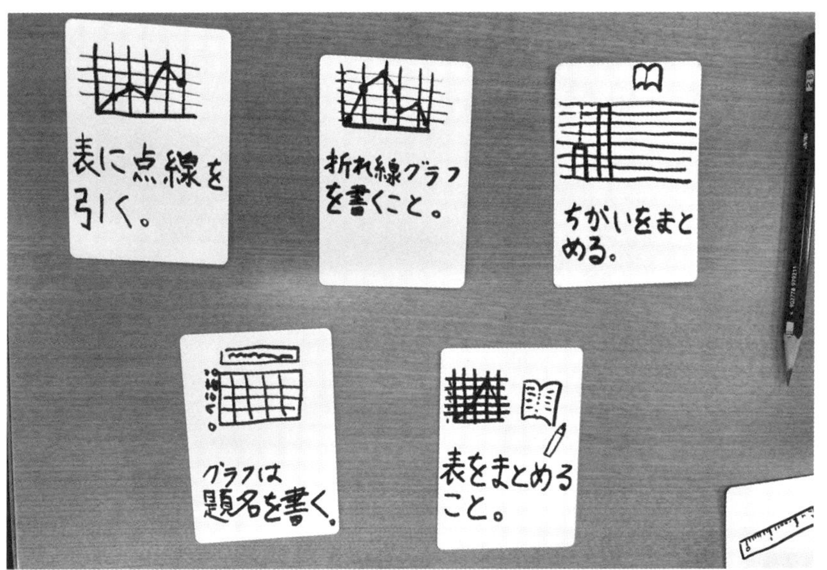

Bさんが書いたカード

Aさんは9枚のカードを、Bさんは5枚のカードをつくっています。だからと言って、Aさんの方が優れているというわけではありません。たくさんカードをつくればよいというわけではないということです。

AさんとBさんのつくったカードの大きなちがいは、

折れ線グラフは変化を見やすい

という本質的な内容があるかないかです。Aさんのカードでは「変わり方をまとめる」というのがそれにあたります。

このように見たときに、より学びを深めることができているのはAさんということになります。Bさんは「ちがいをまとめる」という棒グラフをどのような場面に使うことができるのかということはできていました。深い学びまであと一歩ということになります。

このように、カードを使って子供たちの評価にも使うことができます。

精査したあとのカードの様子

実はBさんはもっと多くのカードをつくっていました。しかし、単元を進めていくなかで、

使うカード・使わないカード

といったように自己判断でカードを精査していったのです。

また、ある子は

このカードとこのカードを合体することができる
このカードは前の学習と似ている

などと新たなカードを創り出す子もいました。

このように自己選択・自己判断・自己調整する機会がこの実践には多く設けられているのです。

またカード実践では「カードをつくる」という表記と「カードを創る」という表記があります。「つくる」と「創る」では、取り組む活動が異なります。そのため、次のように使い分けをしています。

カードをつくる…新たな内容のカードをつくる
カードを創る……つくったカードを組み合わせたり、分解したりすることで新たなカードを創る

という意味を込めて、使い分けています。

レアカードとあるけれど

Aさんのカードをみてみると、レアと書いているものがあります。

子供たちには、

「単元の中で何度も使うカードはとても大切なカードなんだよ。
そういうカードはレアカードだよ」

と伝えています。

どのカードがレアになるのかは子供たちの判断

に任せています。ただ、「何度も使う」という判断基準が子供たちのなかにできます。そのため、子供たち自身で判断することができます。判断基準がないと、子供たちが判断するものはとても曖昧なものになります。

このレアカードが、

「数学的な見方・考え方」
「概念的知識」

などの本質的なカードにあたると考え、子供たちには上記のように伝えています。子供たちにとっては、カードは身近にある存在です。だから、「レア」という言葉によってイメージがしやすいようです。

子供たちに「本質的」「概念的」「数学的な」と伝えても、きっと「？」となることでしょう。しかし、「レアカード」と言うとどうでしょうか。「滅多にないカード」「貴重なカード」「強いカード」などのイメージが子供たちに湧きます。レアカードは何度も使いたくなる、人に紹介したくなるものです。

「レアカード」と言うことで、子供たちはレアカードを探そうと動き出します。普通のカードよりもレアカードの方がよいというのは子供の心理です。そういった子供の心理をうまく使っていることにもなります。

単元の終わりに

実は、４年生の「折れ線グラフ」が初めてカードサイクルを実践した単元になります。これまでもカードサイクルに至るまでのプロトタイプはありましたが、試行錯誤の末にできたカードサイクルでした。

そこで、単元の終わりには、

「単元の中で大切にしたいカードの１～３位を紹介する」

という活動に取り組んでみました。子供たちが作成した表現物が次のページに掲載しているものです。

１～３位の順番こそちがうものの、概念的なことが書かれたカードが存在します。また、子供たちの様子をみていると、「できたらいい！」という思いが強い子は「公式」や「知識・技能」などをレアカードにしたり、上位にもってきたりしがちです。

しかし、そんな子たちもカードサイクルを何度も回していくことで、概念的知識をレアカードにしたり、上位にもってきたりするようになります。

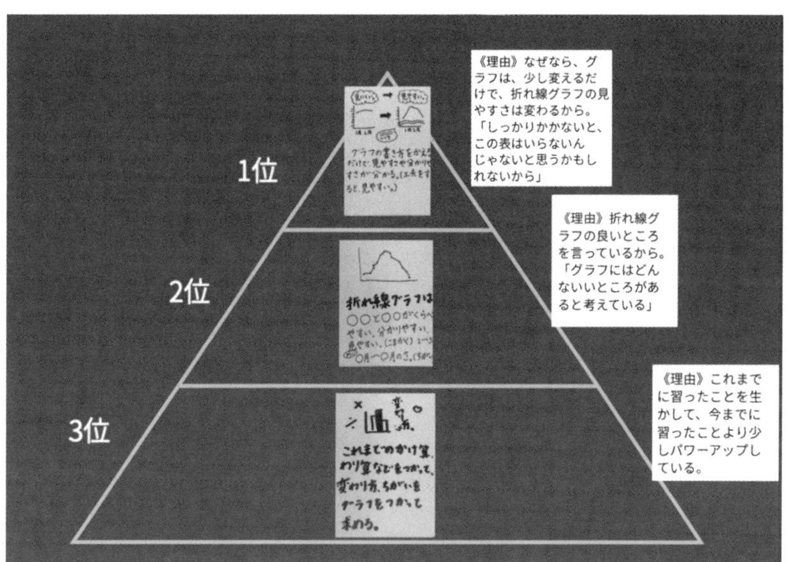
1位
《理由》なぜなら、グラフは、少し変えるだけで、折れ線グラフの見やすさは変わるから。「しっかりかかないと、この表はいらないんじゃないと思うかもしれないから」
2位
《理由》折れ線グラフの良いところを言っているから。「グラフにはどんないいところがあると考えている」
3位
《理由》これまでに習ったことを生かして、今までに習ったことより少しパワーアップしている。

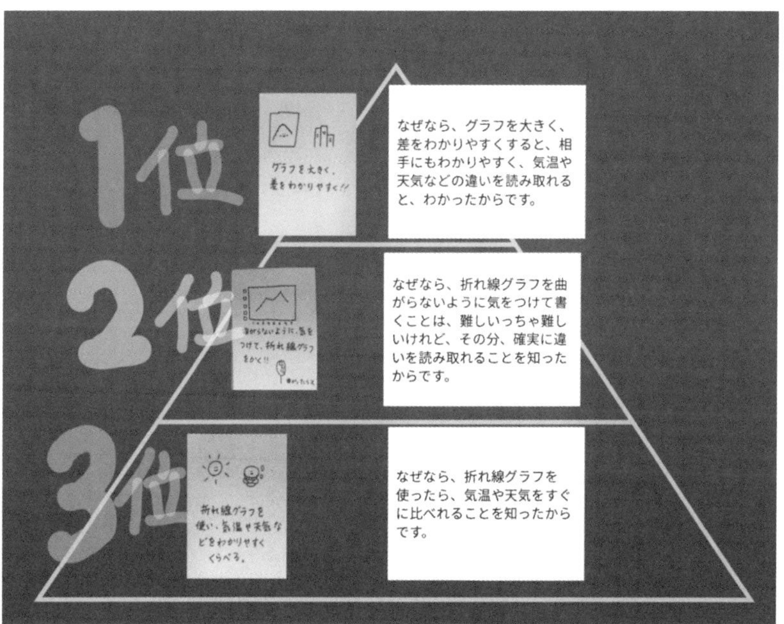
1位
なぜなら、グラフを大きく、差をわかりやすくすると、相手にもわかりやすく、気温や天気などの違いを読み取れると、わかったからです。
2位
なぜなら、折れ線グラフを曲がらないように気をつけて書くことは、難しいっちゃ難しいけれど、その分、確実に違いを読み取れることを知ったからです。
3位
なぜなら、折れ線グラフを使ったら、気温や天気をすぐに比べれることを知ったからです。

カードの構成

子供たちには、ポケモンカード、遊戯王カードなどカードという存在が身近にあります。そういったカードでは、下の図のように

カードの上の内容に関するイラスト
カードの下に文

という構成でカードがつくられています。

実は、初めてカードづくりをするときには、文だけを書かせようと思っていました。しかし、子供たちからの「イラストを描いてもいい？」と提案があり、それを採用し始めたのがスタートです。

もちろんイラストがなくても構いません。1年生で取り組んだときには、文だけのことが多かったです。

カードづくり序盤は、内容を長文で書きがちです。しかし、何度もカードサイクルを回すことで、よりシンプルな文へと変わっていきます。

子供たちのなかには一度書いたカードの内容の文が長かったため、短い文へと書き直している子もいました。この子は、

自分が書いた長文からより大事な要素を抽出

しているのでしょう。これが、116ページの「カードを創る」のなかで書いている、「カードを分解している」ということになります。

子供たちが自分の判断でつくるカード。カードサイクルでは、そのカードを自己選択していきます。単なるカードにみえますが、子供たちにとっては世界に一つだけの大事なオリジナルカードになるのでしょう。

実際に子供がつくった・創ったカード（執筆段階まで）を公開

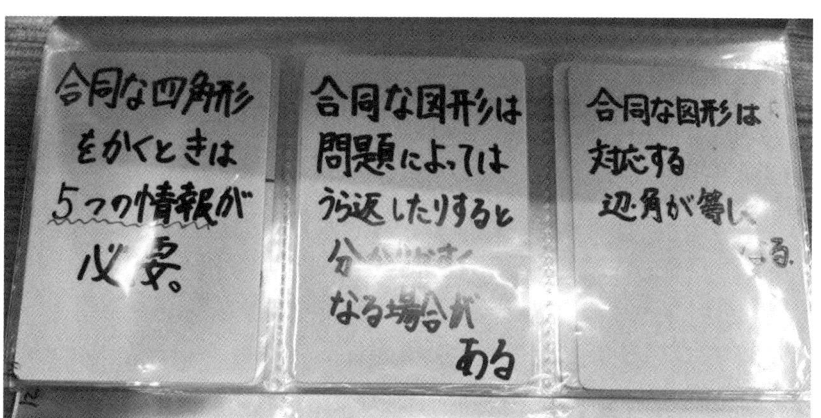

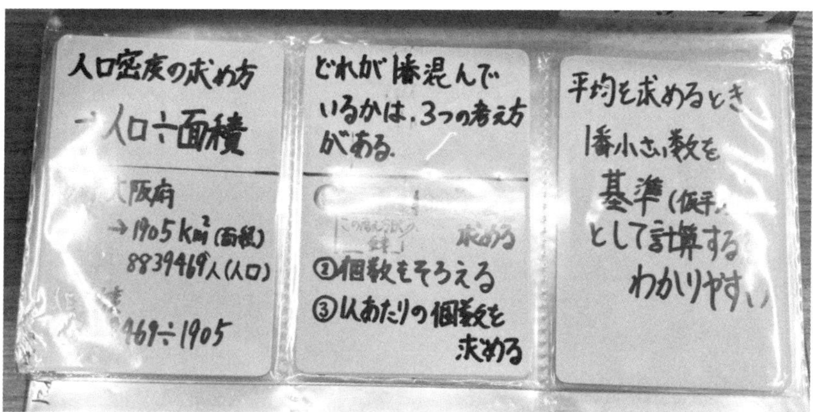

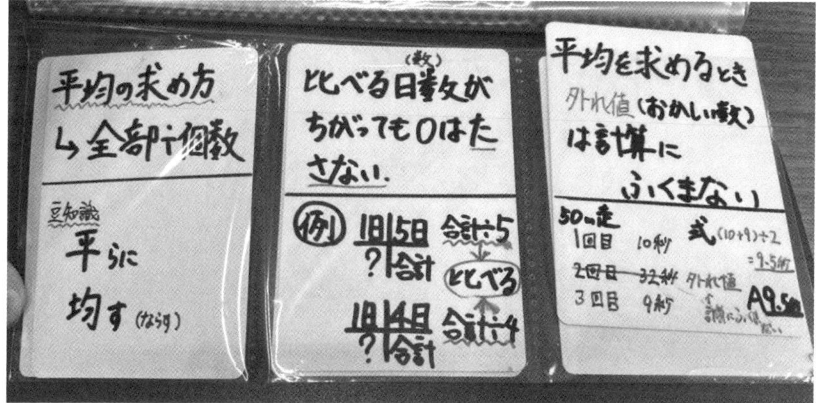

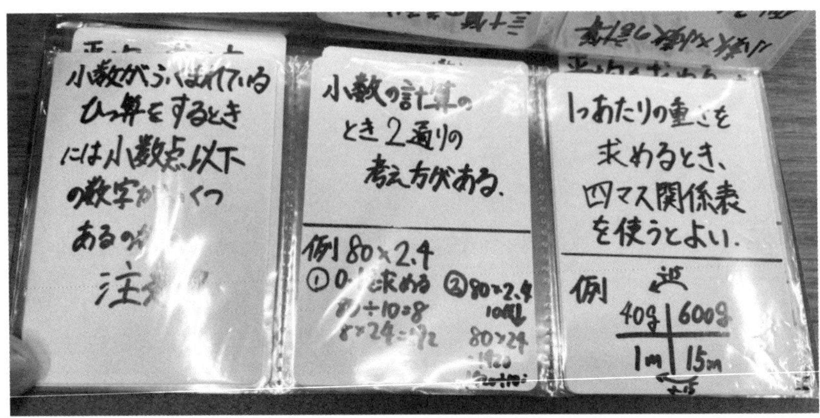
小数がふくまれている
ひっ算をするとき
には小数点以下
小数の計算の
とき2通りの
考え方がある.
例 80×2.4
80×24
1つあたりの重さを
求めるとき、
四マス関係表
を使うとよい。
例
40g 600g
1m 15m

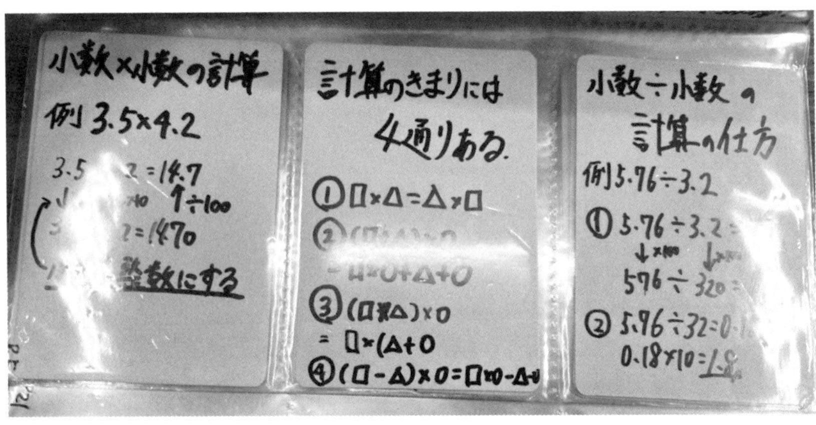
小数×小数の計算
例 3.5×4.2
整数にする
計算のきまりには
4通りある.
① □×△=△×□
= □×(△+○)
小数÷小数 の
計算の仕方
例 5.76÷3.2
① 5.76÷3.2=
576÷320=
② 5.76÷32=
0.18×10=1.8

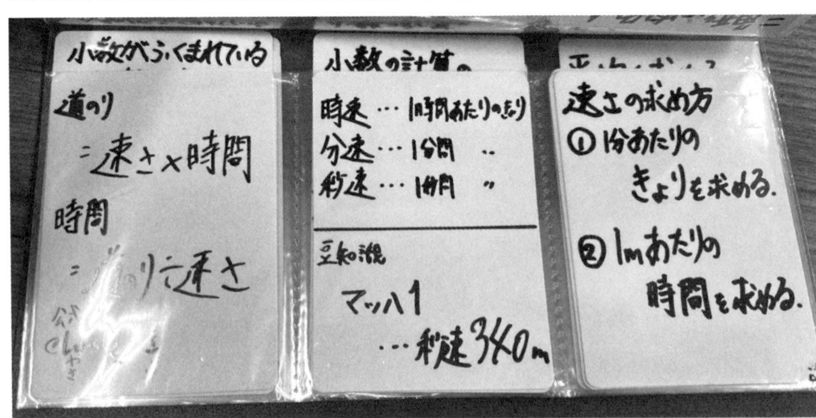
道のり
=速さ×時間
時間
速さ
時速…1時間あたりのきょり
分速…1分間 〃
秒速…1秒間 〃
豆知識
マッハ1
…秒速340m
速さの求め方
① 1分あたりの
きょりを求める.
② 1mあたりの
時間を求める.

奇数
2でわりきれない
四角形の内角が360°の証明
三角形②
になる

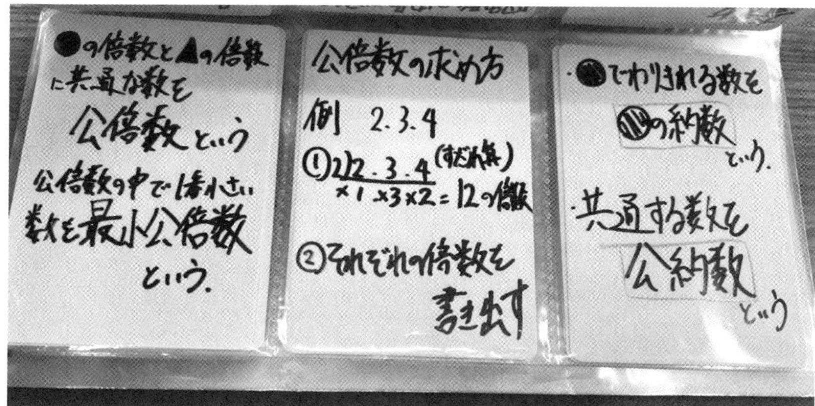
●の倍数と▲の倍数に共通な数を
公倍数という
公倍数の中で1番小さい数を最小公倍数という。
公倍数の求め方
例 2.3.4
②それぞれの倍数を書き出す
・●でわりきれる数を●の約数という。
・共通する数を公約数という

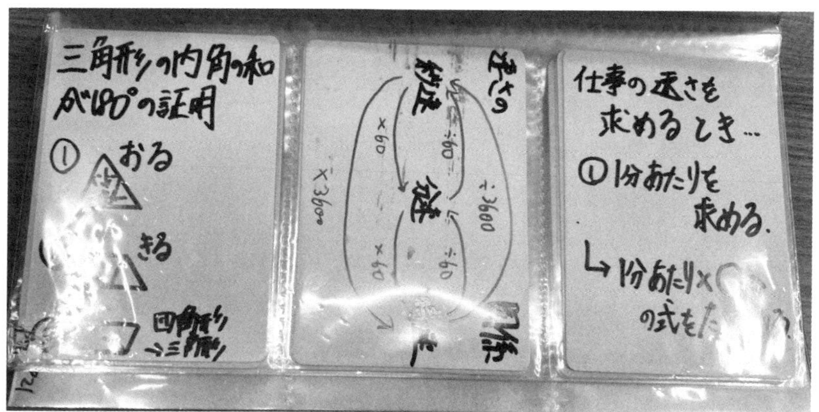
三角形の内角の和が180°の証明
①おる
きる
仕事の速さを求めるとき…
①1分あたりを求める。

CHAPTER 3

カード実践 6つのサイクル

TOPIC 3-0

カード実践
～6つの段階の全貌～

カード実践は6つの段階

カード実践のサイクルは以下のようになります。

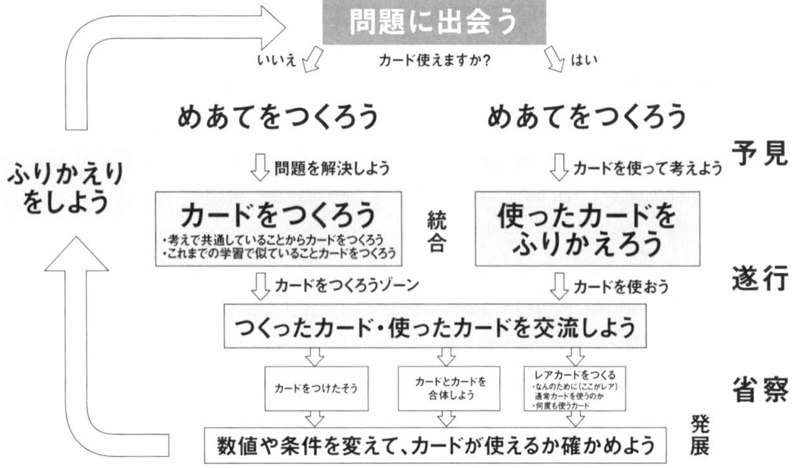

本章ではこのサイクルについて説明をしていきます。

カード実践は、全部で6段階の構成になっています。このサイクルを単元の中でぐるぐる回していくことになります。

① 問題に出会い、使えるカードがあるのかを探す段階
② めあてをつくる段階
③ 問題を解き、交流する段階
④ カードをつくる・創る　または　使ったカードを交流する段階
⑤ カードを使えるか確かめる段階
⑥ ふりかえりをする段階

算数・数学の学習過程のイメージ図（P.54）にあてはめると

A1・A2…①　B…②　C…③　D1、D2…④⑤⑥
にあてはまります。
　さらに、深い学びである「統合」「発展」で整理をしてみると、
統合…④　発展…⑤
にあてはまるのではないかと考えています。

OECD　ラーニング・コンパス（学びの羅針盤）2030にあてはめると

　OECDでは、2030年を生きる子供たちの学習の枠組み「OECD　ラーニング・コンパス（学びの羅針盤）2030」（OECD Learning Compass 2030）を提案しています。
　この学びのコンパスでは、

「新たな価値を創造する力」（creating new value）
「対立やジレンマを克服する力」（reconciling tensions and dilemmas）
「責任ある行動をとる力」（taking responsibility）

の3つのことを、子供たちが、世界に貢献し、そのなかで成功し、よりよい未来をつくりだす「変革を起こす力のあるコンピテンシー」（transformative competencies）として定義しています。
　このラーニング・コンパスの構成要素には、見通し（Anticipation）、行

動（Action）、振り返り（Reflection）のAARサイクルが含まれています。
このAARサイクルにあてはめてみると、
見通し（Anticipation）・・・①②
行動（Action）・・・③
ふりかえり（Reflection）・・・④⑤⑥
にあてはまると考えています。

自己調整学習サイクルにあてはめると

Schunk &ZIMMER MAN（1998）は、学習者が見通しを立て、学習したことをふりかえり、調整しながら学ぶ学習を「自己調整学習」と定義づけています。そして、「予見→遂行→省察」の学習過程を提案しています。

この学習過程を木村（2023）は「見通す」「実行する」「振り返る」という3つの過程で示すことを提案し、この3つのフェーズを以下のように整理しています。

「見通す」フェーズ	「目標を設定する」プロセス 「計画を立案している」プロセス
「実行する」フェーズ	「確認する」プロセス 「調節する」プロセス
「振り返る」フェーズ	「評価する」プロセス 「帰属する」プロセス 「適用する」プロセス

（表は樋口作成）

これらをもとに自己調整学習サイクルである「予見→遂行→省察」にカード実践の6つの段階をあてはめてみると、以下のように整理されます。
予見・・・①②
遂行・・・③
省察・・・④⑤⑥

最初のうちは子供たちと一緒にこのサイクルをまわしていきます。このサイクルに慣れてくると、子供たち自身で回していくことを任せてもよいでしょう。

そうしたときには、子供たちによっては段階が異なります。

このとき、先生は「カードを選択しているのかどうか」「めあてを書くことができているのか」「どのようなカードを創っているのか」などを見取り、一人ひとりにフィードバックをしていくことが求められます。

決して、「めあてを書いているのか」「カードを書いているのか」など、子供たちの様子をチェックするのではありません。子供たちの学びをより促していくための評価が求められます。

また、「何時何分からは全体で交流するよ」と、③では全体でその時間を確保することが大切になってきます。

カード実践を簡単に言うと、

使えるカードがなかったら、カードをつくる

もしくは

つくったカードを選択して、選択したカードを使って、カードを創る

ということです。

この要素をみなさんの取り組んでいる実践に取り入れるだけでも、授業が、そして子供たちが変わります。

本当は6つの段階をすべて導入してほしいですが、ちょっとそこまで授業を変えるのは……と思う人もいることでしょう。

そんな人はまずこの2つのことを取り入れてください。

TOPIC 3-1

①問題に出会い、使えるカードがあるのかを探す段階

問題に出会い、使えるカードがあるのかを探す段階

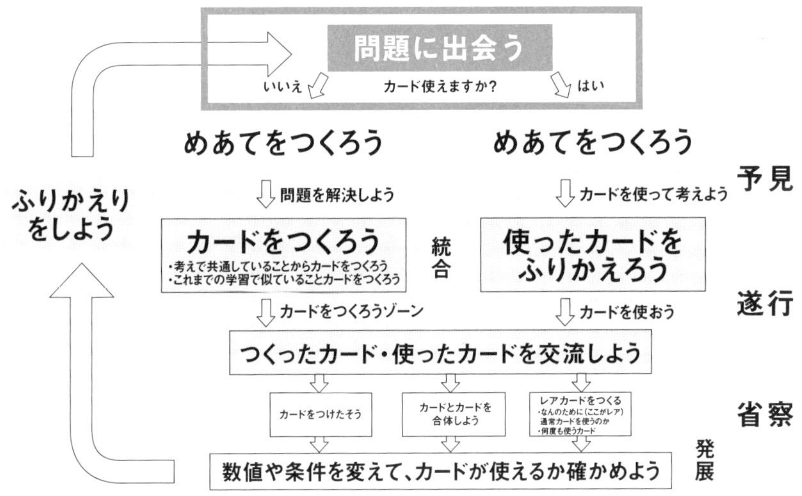

取り組み方

最初に問題や課題を提示します。

提示した後に、

「この問題を解決するために使えるカードはないかな？　カードフォルダーから探してみよう」

と子供たちに言います。

どのカードが使えるのか、どのカードを使おうと思っているのかなどをこの段階から話し合っていってもよいでしょう。樋口学級では常に座席をグループ配置にしていたため、自然と話し合っている子もいました。

何度も行っていると、子供たちは何も言わなくても、カードフォルダーを取り出し、使えるカードがないか探し始めます。

また、カードフォルダーを机の中から取り出していない子もいます。この子たちはやる気がないわけではありません、サボっているわけではありません。

使えるカードがない

学習場面によっては使えるカードがないということもありえます。

初めて取り組む領域、新しい単元

などではカードをつくるということになります。これまで数と計算領域の学習をしていて、新しい領域は図形領域だとすると、使えるカードがないということはあたりまえだとも言えます。

もちろん前時にカードはつくったものの

そのカードを使うことができないから新しいカードをつくる

ということもあります。

子供たちを統一しない

この段階で、子供たちは、使えるカードがある子・使えるカードがない子といった2通りに分かれます。決して、

・全員を使えるカードがある状態にする
・全員を使えるカードがない状態にする

というような

子供たちの状態を統一することはありません。

統一しないと不安かもしれません。しかし、自己選択・決定、単元を通しての変容があるため、統一しないことが本実践の肝でもあります。

カード実践を行い始めたときには、

「本当にこのカードでよいのだろうか」とキョロキョロしている子
「(使えるカードがあるにも関わらず) うーん……」と悩んでいる子がい

たりします。
　こういった子たちは「自己選択する」経験が少ないのかもしれません。間違えたらどうしようと思っているのかもしれません。だから、そういった子たちに対して、「１人で考えなさい」「何かカードを出しなさい」といった圧をかける指導はやめてください。

　どんなカードを選択をしたのかを隣同士で交流したり、立ち歩いて交流したりといった活動を取り入れましょう。カードを選択するという経験をある程度積むことができれば、上記のような子供たちはいなくなります。

TOPIC 3-2

②めあてをつくる段階

めあてをつくる段階

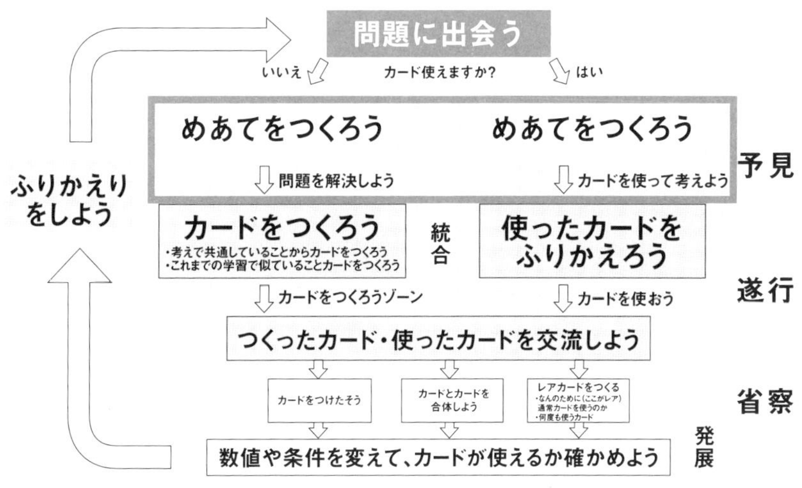

取り組み方

めあてを子供たちがつくっていく段階です。

前ページの通り、この段階で子供たちは、使えるカードがある子・使えるカードがない子の2通りに分かれています。

使えるカードがある子・使えるカードがない子のめあてが同じではありません。

使えるカードがない子は、

カードをつくること

がめあてになります。

使えるカードがあると判断した子は、

カードを使って、問題を解決すること
本当にそのカードを使うことができるのか

といったことがめあてになります。
子供たちのめあては、

一人ひとり異なる

ということになります。
「え！？」と思われる人もいるかもしれませんが、体育や図工や音楽の授業をイメージしてみてください。例えば、体育で「なわとび」の学習であれば、全体では「二重とびをしよう」というめあてであっても、まったくとべない子は、「1回とべるようになる」、3回とべる子は「回し方を工夫する」といったように一人ひとり異なるめあてがつくられ、実行されているときがあるのです。

Padletを使う

めあてが一人ひとり異なるため、他者のめあてをみることができるようにPadletを使うようにしています。
Padletとは、Webブラウザで使えるオンライン掲示板アプリです。テキストだけでなく、画像、音声、動画、手書きなどを投稿することができます。そして、みんなで閲覧したりコメントしたりすることができるアプリです。無料のものもあり、少し制限がかかりますが、十分に使うことができます。
早くめあてを書くことができた子は、他者のめあてをみて、「いいね」や「ハート」を押すようにしています。
右の画像は、5年算数「速さ」の学習で子供たちが作成しためあてです。
このとき子供たちは「4マス関係表」「1時間で何km」などの自分が持っているカードをもとに、これらのめあてをつくりあげています。

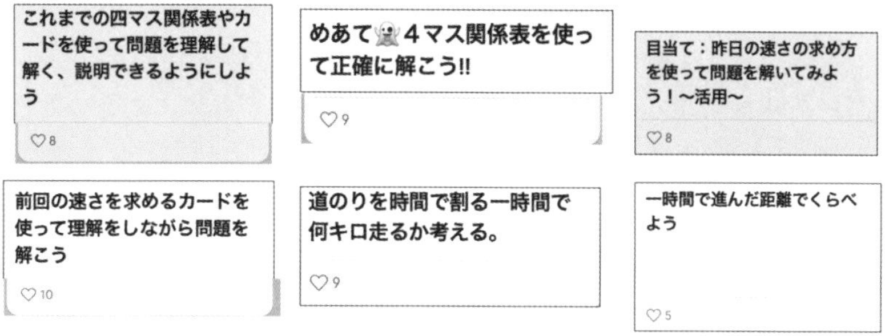

これまでの四マス関係表やカードを使って問題を理解して解く、説明できるようにしよう
♡8

めあて👻４マス関係表を使って正確に解こう!!
♡9

目当て：昨日の速さの求め方を使って問題を解いてみよう！～活用～
♡8

前回の速さを求めるカードを使って理解をしながら問題を解こう
♡10

道のりを時間で割る一時間で何キロ走るか考える。
♡9

一時間で進んだ距離でくらべよう
♡5

めあてをつくる経験が少ない子供たち

ノートでそれぞれのめあてを書くというようにしてもいいですが、そのときには、子供が立ち歩いてめあてを交流する活動を取り入れてください。

最初のころは自分でめあてをつくることができない子がいます。しかし、Padletでは他者のめあてをみることができます。他者のめあてをみることができることに大きな教育効果を感じています。

（使うソフトはPadletでなくても全員がみることができるソフトで構いません。）

他者のめあてを参考にする子供はいます。他者のめあてを参考にすることはどうなのかと思われる方もいるかもしれませんが、そのような意見は「短期的な見方」でしかありません。

そもそも、子供たちも何でもかんでも参考にするわけではありません。このめあてがよいのではないかと子供たちは自己判断していることになります。

また、多くの算数授業ではめあてが先生から与えられています。そのため、自分のめあてを設定するという経験が少ないのです。

だから、最初は参考にするかもしれません。しかし、それも長期的な見方をすれば、どの子も最終的に自分自身のめあてを書けるようになるための第一歩になるのです。

また、カード実践の初期はめあてを全体で交流する時間を設けており、そこでこのようなめあてに対して、S・Aといった私が評価を残していた時期がありました。こうすることで子供たちはどのようにめあてを書けばよいのかがわかります。

上の画像は、「四角形の４つの角の和が360°ということを説明しよう」という課題に対して、子供たちが発表しためあてをSとAに私が分類・整理したものです。

先生が望んでいるめあてを書いていればSというわけではありません。

では、どうすればSになるのかといえば、

具体的に書くことができていればS

ということは、子供たちには伝えています。子供たちに、基準を伝えるのです。

たとえば、「いろいろな方法で考えよう」と言った子がいました。いろいろな方法ということが具体的ではなかったため、Aにしました。「計算をする」というめあてもありました。技能面だけのめあてのため、A

にしています。

「そのめあて、どうなのかな……」というめあてに出会うことがあります。ときには修正をしてあげることも必要ですが、多くの場合は子供たちのめあて通りに行います。それでうまくいかないこともあります。でも、それも子供たちにとっては経験です。必要な経験です。またそういった失敗したことに気がつくために、「ふりかえり」の時間を設けるようにしています。

このとき、この問題を解決するためのカードがない子たちは、「カードをつくる」というめあてをつくっている子がいました。このめあてはAにしています。

具体的にめあてを書けるようになったときには、下の板書のようにSやAをなくしていきましょう。

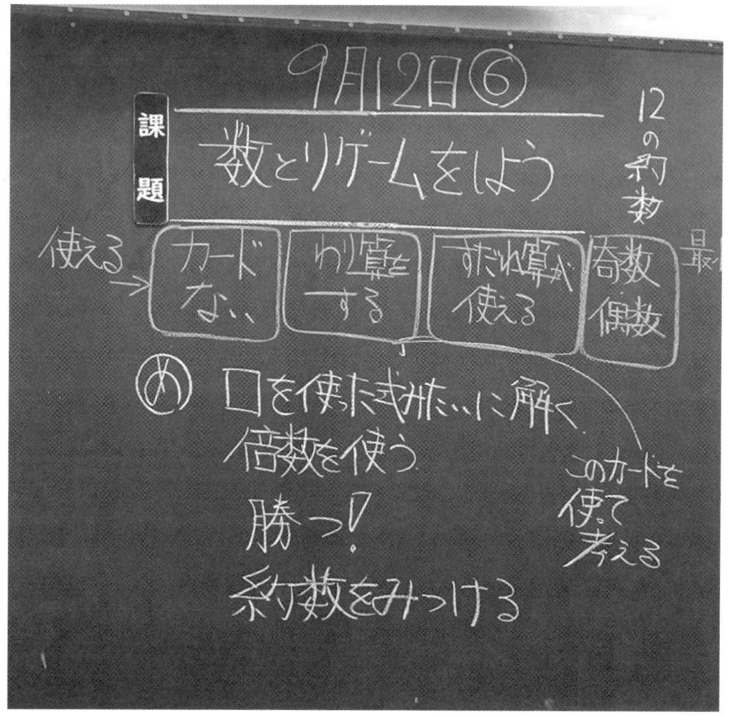

TOPIC 3-3

③問題を解き、交流する段階

問題を解き、交流する段階

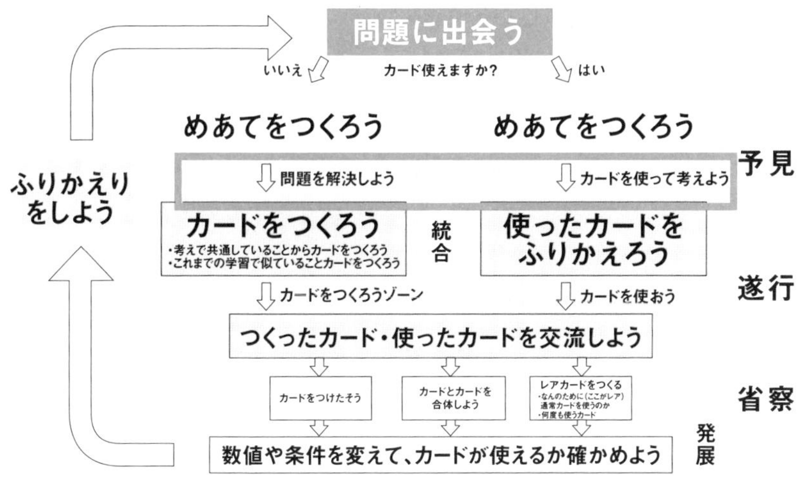

取り組み方

問題を考え、交流する時間です。

この段階はこれまでの算数授業とあまり変わりがないといえることでしょう。

自力解決を変える

ただし、一人で考える時間は孤独解決な時間にならないようにしています。自力解決の時間が誰にも相談できない一人で絶対考えないといけない孤独な時間になっていることが多くあります。

以前、参観した授業で、

「今から10分間は一人で考えます。話をしたらダメです」

と言われている先生に出会ったことがあります。しかし、その授業では、ある子がわからなくて隣の子に相談していました。その子に対して「今は相談する時間ではありません」と先生は指示をしていました。

10分間、誰にも相談することができずにその子は過ごさないといけません。その子にとってその時間は何の学びもありません。あるとしたら、「我慢」するという学びしかありません。

そこで、以下のような自力解決を行なっています。

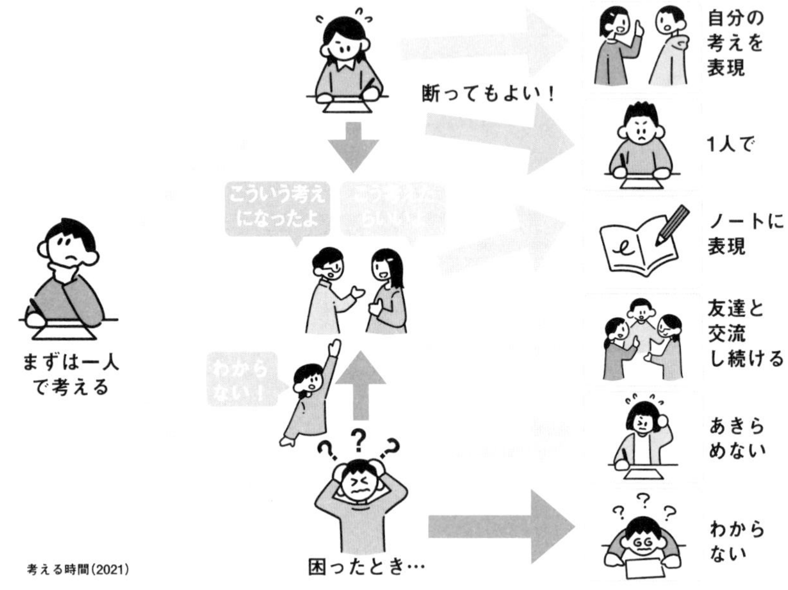

考える時間（2021）

まずは一人で考える。

次に、わからなくて困ったときには友達に相談しても構いません。友達に相談した後は、一人で考えるもしくは友達と相談し続けるかを選択します。

わかっている子たちは、困っている子がサポートを求めてきたときにはサポートをしてもよいし、断ってもよいようにしています。一人で考えたいときもあるからです。

1番避けてほしいのは、「困った→わからない」の状態と子供たちに伝えています。これは「何を考えていいのかわからない」「まったくわからない」といった八方塞がりの状態です。上図の中の1番下のルートです。

また、考えた結果、間違えていても、答えに辿り着かなくても構わないと伝えています。

自力解決の時間も自己選択の場へと生まれ変わらせるのです。

全体で共有するときには

式や答えを伝えて終わりではありません。ただ単に式や答えを伝えるだけの場は共有とは言えません。

答えが何を表しているのかを問い返す
考えを読み解いていく時間を設ける
他者の考えを説明する時間を設ける
既習で似ていたことはなかったかをふりかえる
わからなく悩んでいる子に寄り添って考える
筋道立てて考え、表現する

これまでの算数授業で大切にしてきたことはカード実践では必要です。こういった活動から、カードがつくられ・創られることもあります。

ただ、同じ領域でカード実践を進めていくと、「この単元においても、カードを使えばいい！」と気づいた子が増えたときには、こういった時間が少しずつ減っていくこともあります。

TOPIC 3-4

④カードをつくる・創る　または　使ったカードを交流する段階

カードをつくる・創る　または　使ったカードを交流する段階

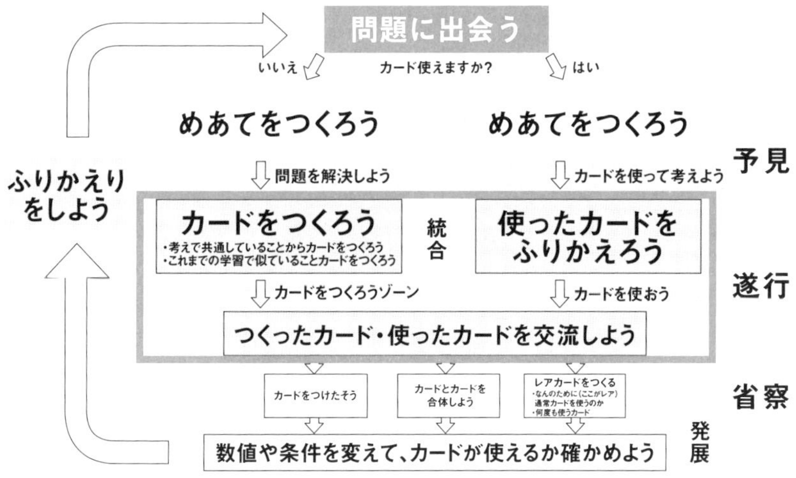

子供によって取り組むことが異なる

この段階では、

・新たにカードをつくる

というカードをつくる活動をしている子もいれば、

・これまでにつくったカードに付け足す
・カードとカードを合体させる
・長文から大切なことを抽出する
・レアカードはないかを探す

といったカードを創る活動をしている子もいます。表面上は同じ活動をしているように見えます。しかし、実際には子供によって異なるということです。
　カードをつくっている子は、１時間の授業をふりかえっている傾向があります。カードを創っている子は、１時間の授業だけでなく、これまでの学習、単元をふりかえっている傾向があります。

どのような声かけをするのか

「カードをつくる」という子供たちには、

「１時間の授業をふりかえって、大切だと思うところや今後の学習でも使えそうなことをカードに書こう」

ということを言います。
「カードを創る」という子供たちには、

「何度も何度も出てきた、使ってたカードというのはレアカードなんだよ。レアカードはないかな」
「単元を通して、レアカードというのが存在するよ」
「カードとカードを合体させることはできないかな」
「これまでのカードに付け足すことはないかな」

と言います。
　このときは、つくったカード・本時で使ったカードを交流するようにしておきます。
「こんなカードを使ったよ」
「こんなカードをつくった・創ったよ」
「このカードをレアカードにしたよ」
などのことを子供のタイミングで話し合いができるようにしておきます。そうすることで、自分一人では思いつかなかった視点でカードについて考えたり、１時間の授業をふりかえったりすることができます。

カードを創る＝統合

カードを創るためには、複数のカードが必要になります。複数のカードを１枚のカードに統合しているということになります。

つまり、

カードを創っている段階＝統合している段階＝深い学びへの第一歩

と言えるのではないかと考えています。

このカードを創るということを子供たち自身で行うことができる。ということは、子供たち自身で深い学びを実現しようとしているといえます。

よくある質問①　全員同じカードの内容を書かせるのですか？

答えは「ノー」です。

子供たち自身にとって、自分が大切だと思ったことを書き出します。

「全員、○○を書きなさい」と指示をしたことは一度もありません。

ただ、子供たちのなかには黒板に書かれているまとめを写している子はいます。それでも、全員が同じ枚数・同じ内容になったこともありません。それで構わないのです。

きっとみんな同じカードでないと不安に思うことでしょう。でも、この実践を、そして子供たちを信じてください。

よくある質問②　全員同じ内容のカードにならなくていいんですか?

全員同じ内容のカードにならなくていいんです。とはいっても、大切な概念や数学的な見方・考え方には気づいてほしいと思っています。

しかし、人によって、気づく瞬間が異なります。この時間に気づく子もいれば、次の時間に気づく子もいます。もしかしたら、単元の最後の時間に気づく子もいるかもしれません。大事なことは、

単元内で気づけるかどうか

です。

気づくために、カードの内容について交流する時間や、どのようなカードを選択したらよいのかということを考えたりする時間や、この後のつくった・創ったカードを確かめたりする時間を設けたりするのです。

そのため、実は子供たちは気がつかないうちに、大切な概念や数学的な見方・考え方には気づくための活動を行っているのです。

よくある質問③　カードを初めて書く子供たちにどのようなことを伝えるのですか

これまでと同じようなことを言いますが、なかなか書き出すことができない子もいます。そういった子で案外多いのは、

「こんなことをカードに書いてもいいのかな?」

と思っている子供たちです。自分が書くことに自信がなかったり、書いたことに何か言われたらどうしようと思っている子たちです。

だから、

「自分が大切だと思うことは自信をもって」
「こんなこと書いていいのかと思わなくて大丈夫」

などと伝えています。そして、一番大切なことは、

子供が書いたカードを否定しない

ということです。

そのカードがよいのかどうかは、先生が何も言わなくてもカードサイクルで自己選択・決定していく中で精査されていきます。また、「レアカードを探せ」と言うことで、自分自身で評価していきます。「レアカード」という言葉は、カードゲームが子供たちの身近にあるからなのか、こちらの意図を伝えやすい言葉です。

よくある質問④　カードが書けない子はどうしますか

ここまでにも何度も書いていますが、

短期的ではなく長期的に子供をみる

ということが大切です。大事なことは、

そのカードを使う経験
そのカードが使えるかどうか判断する経験
そのカードを次時で選択するのかどうかという経験

なのです。

経験は積めばよいのです。経験を積めば、必ずカードはどの子にも書けるようになります。

TOPIC 3-5

⑤カードを使えるか確かめる段階

カードを使えるか確かめる段階

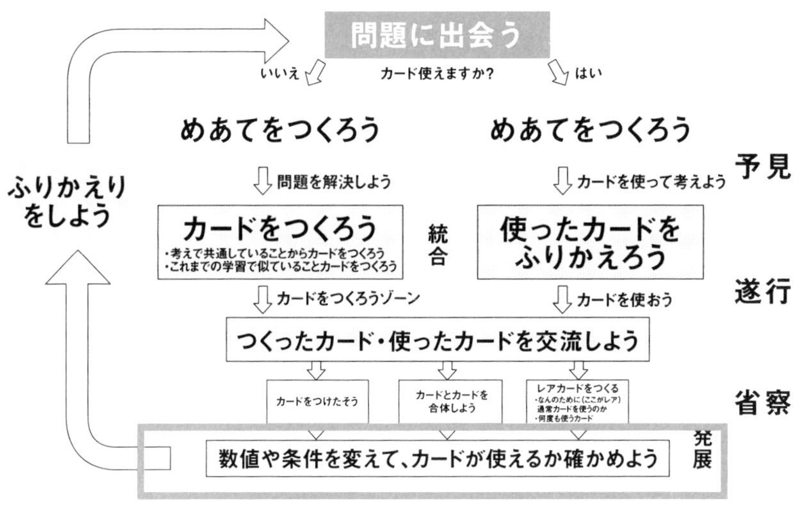

取り組み方

この段階では、自分のつくった・創ったカードが使えるのかを確かめていきます。子供たちには、

「数値が変わったとしても自分のつくった・創ったカードが使えそうかな？　確かめてみよう！」

と伝え、問題を提示していきます。

このときに教科書の問題をそのまま使用するときもあれば、私のオリジナル問題を出したり、子供たちが作成した問題を使ったりすることもあります。基本的には教科書の問題を使用することが多いです。

問題づくり

問題づくりは、子供たちにとってそう簡単なことではありません。

子供たちが問題づくりをするときには、

① 設定を変える
② 数値を変える（本時内の数値）
③ 数値を変える（数値や形を拡げる・単元内）
④ 数値を変える（数や形を変える・単元外）
⑤ その他

の5段階を提示します。

問題をつくらせるときは、5種類に色分けをしておき、その問題の色で問題づくりに取り組ませます。

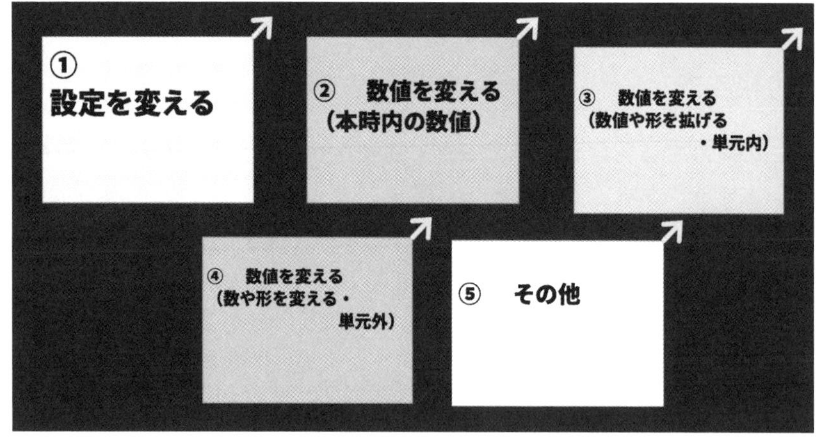

「①設定を変える」とは、数値は同じで、リボンなどをりんごに変えたりするといった比較的簡単なものです。

「②数値を変える」（本時内の数値）とは、たとえば仮分数の数値であれば、仮分数で数値を変えるということです。2桁の数であれば2桁の数で変えるということです。

「③数値を変える」（数値や形を拡げる・単元内）とは、たとえば仮分数の数値から帯分数で数値を変えるということです。つまり、2桁の数であれば3桁の数で変えるということです。

「④数値を変える」（数や形を変える・単元外）とは、分数から小数に変えたりするということです。

これらのことを子供たちにも説明します。

①から⑤へといくにつれて、カードが使えるのかをより深く考えることができます。

勘違いしないで!

異分母分数のたし算・ひき算の学習では、子供たちに好きな分数を言ってもらい、多くの問題づくりをしました。

3口の分数の計算のときには、1つ目の分数が出た後に、「ややこしくしないでー」といった声が聞こえてきました。その声に対して、「じゃあ、これでどうかな」と通分しやすい分数を提示していました。

こういった言葉をふざけている、真剣に取り組まないというように感じてしまいがちです。しかし、大事なことはつくった・創ったカードを使えるかどうかを確かめるということです。

そして、こういった子たちは見通しをもてているということになります。

つくった・創ったカードを使えた子供たちからは、

「やっぱり使うことができた」

「これがレアカードになるかも」

「次の時間の学習もこれでいけるかな」

「結局、どれも同じ考え方なんだよ」

といったつぶやきが聞こえてくることでしょう。

TOPIC 3-6

⑥ふりかえりをする段階

ふりかえりをする段階の段階

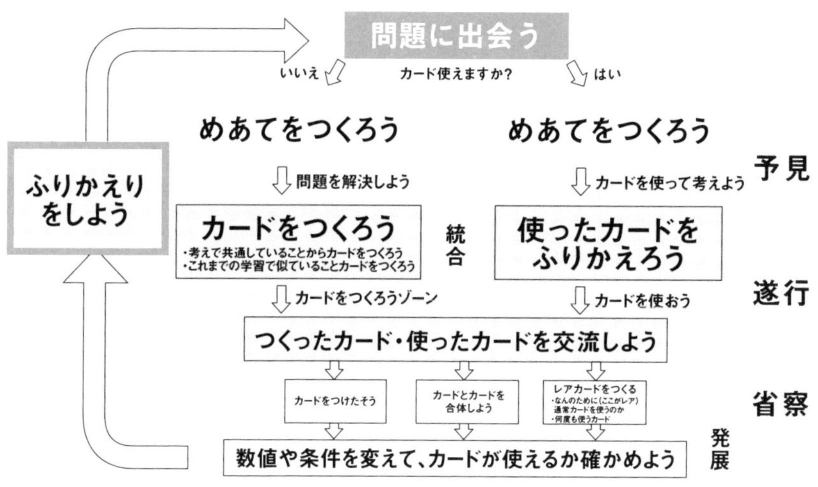

取り組み方

めあてについてのふりかえりを書きます。めあてはPadletで書いているため、ふりかえりもPadletで書いていきます。

子供たちが書くふりかえりの内容に悩む先生もいます。子供たち自身もふりかえりでどのようなことを書くのか悩む子がいます。

子供たちには、

「めあてについてのふりかえりを書こう」

と伝えます。このように伝えることで、子供たちのなかに、「自分でつくっためあてに対してのふりかえりを書けばいいんだ」とめあてに対してどうだったのかを考え始め、ふりかえりを書きやすくなります。また、「〜が楽しかった」といった情意面だけのふりかえりがなくなります。

カードづくりとふりかえりで表現する内容は、少し異なってきます。

1時間の授業をふりかえり、まとめるカードをつくる・創る時間
自分が決定しためあてについてふりかえり、表現する時間

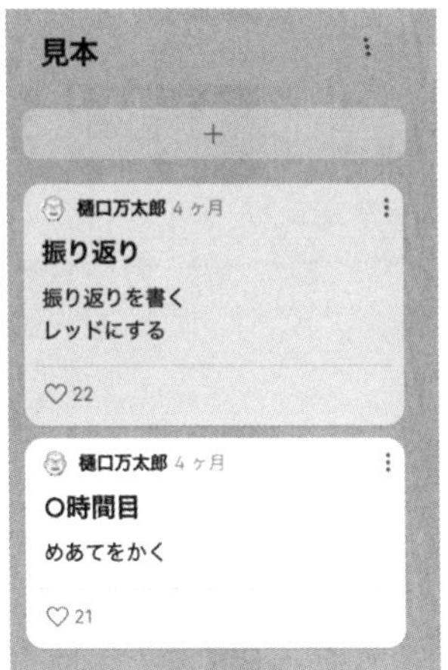

といったちがいがあります。

Padletには右のようなルールで取り組ませています。めあては白色、ふりかえりはピンク色というように色分けをするようにしています。

Padletで取り組むことで、自分のめあて・ふりかえりを蓄積することができたり、他者のめあてやふりかえりをみることができます。

早くに書けた子は、「他者のふりかえりをみて、いいねと思ったものはハートを押すようにしよう」と指示をしています。

子供たちが書いたふりかえり

実際に子供たちが書いたものが下になります。自分が決定しためあて、めあてに対してのふりかえりであるため、ふりかえりを書きやすいという声も聞こえてきます。

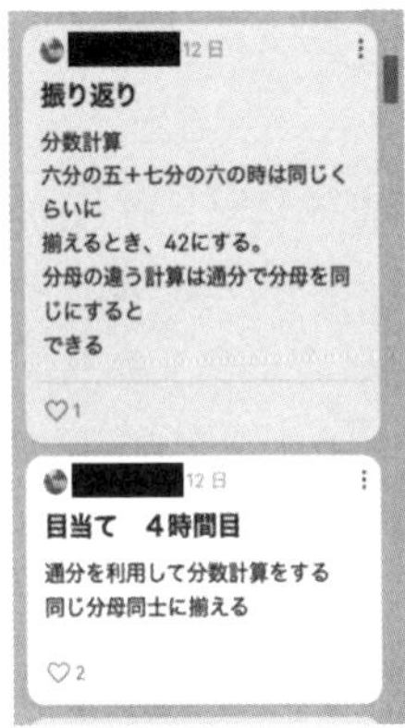

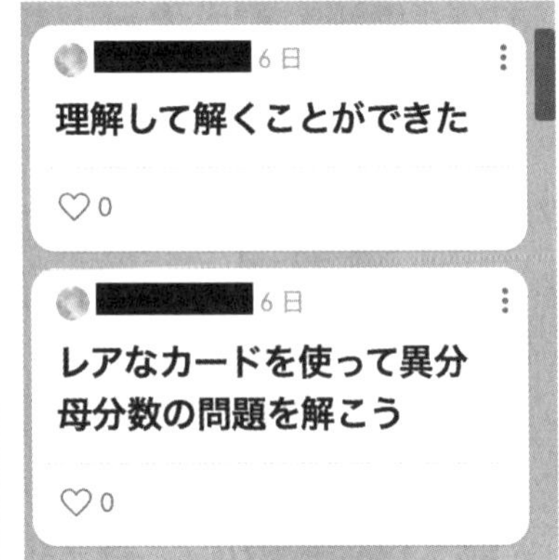

自由進度学習に導入する

現在、このカードサイクルを自由進度学習に実装するという実践研究を行っているところです。導入することにより、しっかりと深い学びを実現することができるのではないかと考えています。

どのように導入しているかといえば、自由指導度学習の大きな流れは、竹内・小山（2019）の①「ガイダンス」、②「計画」、③「追求」、④「まとめ」を参考にし、③「追求」④「まとめ」の段階に下図のように「カードを選択する」「カードをつくる（もしくは更新する）」「カードを確かめる」を設定していきます。

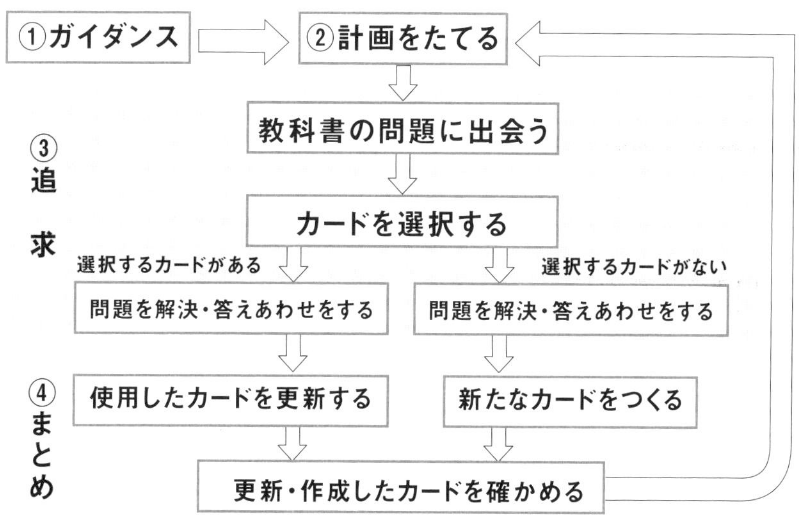

このサイクルを子供自身でぐるぐる回していくことになります。この成果はまたどこかの場所で発表をしていきます。また、みなさんが取り組んでいる授業展開にも導入することができます。

CHAPTER 4

子供の学びをサポートする！　カード実践のポイント

TOPIC 4-1

カードはどんな大きさ？
材質は？

紙で取り組む場合

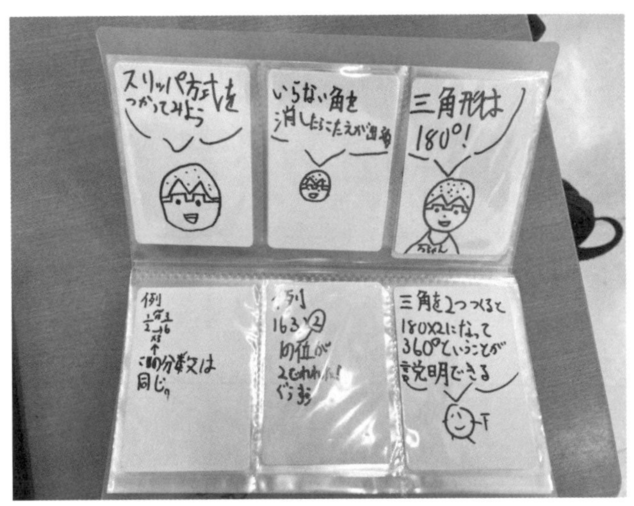

私が使っているのは、Amazonで販売しているノンブランド商品である「空白トランプ 白紙カード 無地 マット仕上げ ポーカーサイズ マジック ギフト オリジナルカード（180枚）」というものです（2023年11月現在）。

現在、表記されているURLはこちらです。

（www.amazon.co.jp/dp/B09JKB4Y57）

膨大なカード（100枚くらいは常備ストックとして置いています）が必要になるため、お金がかかります。私は自分の研究費で買っていますが、かなりの金額になります。

そのため

普通の紙や画用紙で代用も可能

です。紙や画用紙の場合には裏写りしてしまう可能性があるため、

- ネームペンは使用せずに、鉛筆で書かせる
- 色鉛筆を使い、特に大事なところは色を変える

ということもいいでしょう。

普通の紙や画用紙はフニャフニャしてしまいます。だから、自分たちで作成する場合は、固い紙をオススメします。

サイズは 8 cm× 6 cmぐらいがオススメです。

デジタルで取り組む場合

150 ページに、デジタルで取り組む場合についてまとめています。デジタルで取り組む場合も、1 枚のカードに 1 つのことを書くなどとルールは同様です。タイピングでも手書きでもどちらでも構いません。

位を揃える。

位取り表は十、百、千、万というふうに、わかりやすく表してくれる図。

TOPIC 4-2

カードフォルダーを用意せよ!

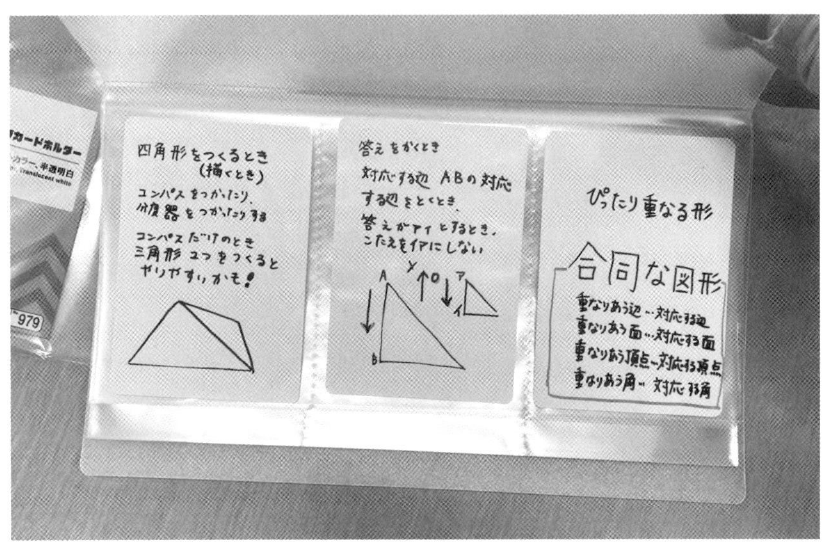

カードフォルダーを使おう!

カードは保管する場をつくっておきます。

輪ゴムでカードを一括りしておくだけでもよいですが、できればフォルダーを用意しておくことをオススメします。

私は百円均一で販売しているカードフォルダーを使用しています。100円で1年間使用することができます。複数年この実践に取り組むときには、カードフォルダーを持って次の学年に進級することができます。その場合は、子供たちは前の学年の学習をより意識することができることでしょう。

子供たちは普段カードゲームをしている子が一定数います。その子たちは、自分たちのカードをフォルダーに入れる経験を積んでいます。子供たちにとっては大切なカードです。
そして、

大事に扱うために、
自分はどんなカードを持っているかをみるために、

カードフォルダーを使用します。
　だから、カードフォルダーで管理することで、子供たちのワクワクを引き出すことができるでしょう。

カードフォルダーのよさ

　カードフォルダーのよさは、ポケットが付いているということです。このカード実践は、つくったカードを統合することが一つの特徴です。
　子供たちのなかには、

統合しようとするカードを一つのポケットに集める
不必要だと感じたカードを一つのポケットに集める

　ということを子供自身が行うことができます。子供自身が行うというところに魅力を感じませんか？

領域ごとに分ける

算数科において、低学年では、
「数と計算」「図形」「量と測定」「データと活用」
高学年では、
「数と計算」「図形」「変化と関係」「データと活用」
の４つの領域に分かれています。

私はしませんでしたが、カードフォルダー内で最初の５ページは「数と計算」領域、次の５ページは「図形領域」といったように、

カードフォルダーを領域ごとに大体分けておく

という取り組みも、領域内でどのようなカードを使うのかがよくわかり、つながりや本質的なことに子供自身が気づいたりすることに有効でしょう。

私がしなかった理由は、大体同じ領域でカードが固まるからです。

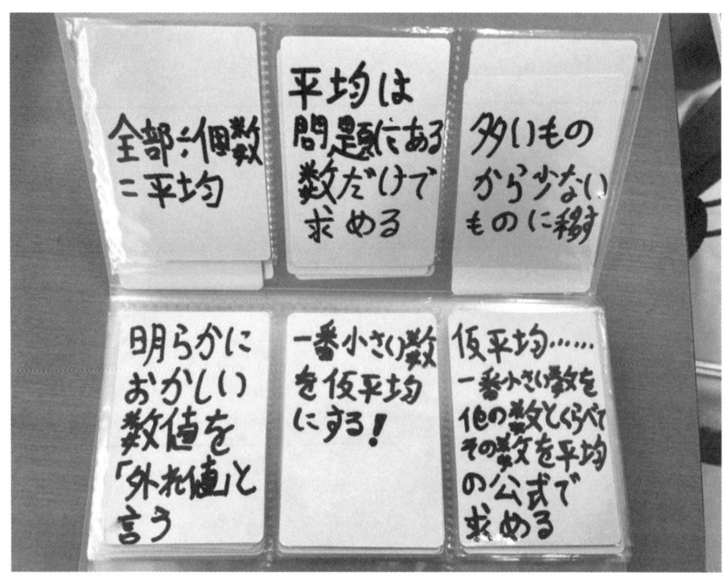

実際に前のページの写真のように自然と分類・整理することができると考えていました。

また、カードフォルダーを毎回パラパラめくる経験も、カードを選択しているという実感も、分類・整理を子供たち自身で行う経験をもつことができるのではないかと考えたからです。

子供のなかには、下の写真のようにカードフォルダーの裏側に自分で単元やフォルダーのページ数などを書いている子もいました。子供たちも単元を意識していることがわかります。

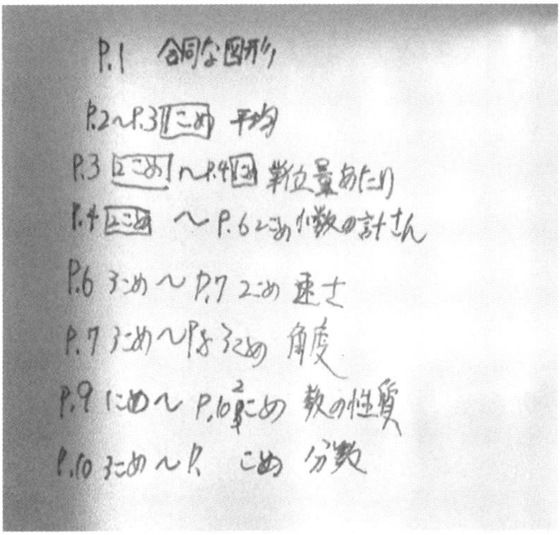

カード実践をしていくなかで、この子以外の子供たちからも、
「先生、単元名はなに？」
「先生、今割合の何時間目？」
「先生、これは何領域？」
とよく聞かれるようになりました。子供たちがつながりを意識していることがわかります。

自分たちのカードを整理するために、カードをつくるために子供たちは聞いているようです。

TOPIC 4-3

板書はこうしよう!

どんなカードを選択したか・どのようなめあてなのか位置づける

下の板書は5年生「公倍数」の学習のときのものです。

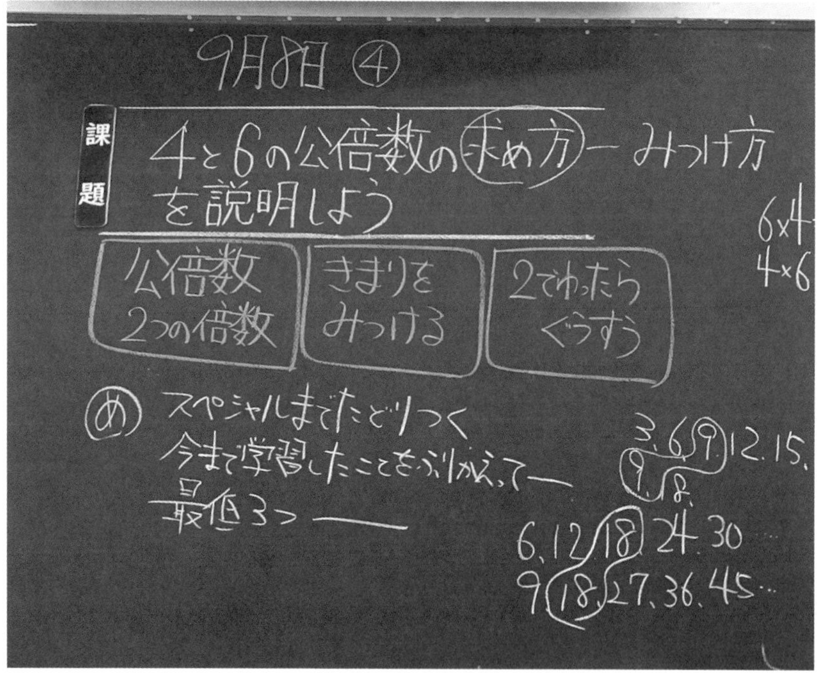

①日付を書きます。

②その横にその単元で何時間目かを書きます。
（単元名を書いてもよいでしょう）

③課題や問題を書きます。

④その下に子供たちが選択したカードを書いていきます。
（色を変えて書いておくことで、強調されます。）

⑤その下に発表されためあてを書いていきます。

ここまでを黒板の左３分の１に書いておきます。残り３分の２は、問題や子供たちの考えやまとめなどを書いていきます。そして、右端には新たな問題を書くような構成ですが、そこは柔軟に書いていきましょう。

カードをつくる・創るときには、黒板を参考にする子もいます。カードをつくる・創るサポートにもなるようにしておきます。

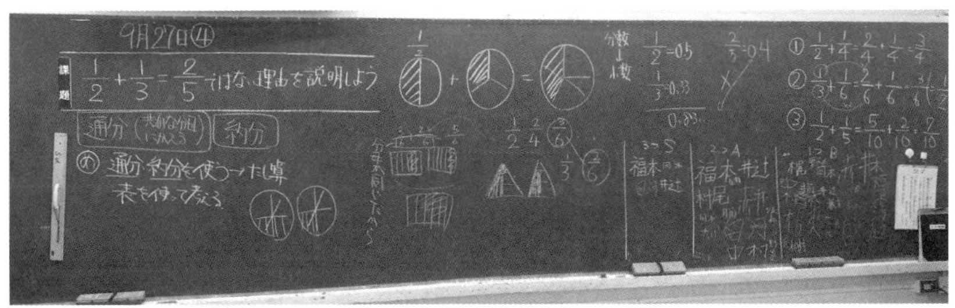

黒板は子供たちに開放しています。自分の考えを書きながら、説明したりさせるようにしています。また、３つ考えを見つけたらこのスペースに名前を書くといったことも授業によっては、行うようにしています。

TOPIC 4-4

こういう人はカード実践に取り組まないで

カード実践に取り組むときにはいくつかの注意事項があります。正直な話、以下のことをしない人は、カード実践に取り組まないでください。

教材研究は必要

「教科書○○ページをみんなが理解できるようにしよう」という課題を提示したとします。教科書○○ページができればよいため、教材研究をしなくても、指導書で式や答えなどを確認すればよいという主張を聞いたことがあります。

正直残念すぎる主張です。

・この時間ではどのような見方・考え方を働かせるのか
・深い学びをどう促していくのか
・子供たちがつまずきそうなところはどこなのか

などを考えておく必要があります。

こういったことを考えているからこそ、

子供たち一人ひとりに適切なフィードバックやサポートをすることができる

といえます。

20代のとき、学習指導案を書く際に、ベテランの先生から「予想される児童の姿」をほとんど書くことができていないと指摘されました。「まだまだ教材研究が足りない」「もっと授業について考えなさい」「予想される児童の姿がしっかりと書けるようになったら一人前」などのことを言われました。正直、その当時の私は、何を言っているのかまったくわかりませんでした。
でも、今なら何となくはわかります。
たとえば、１年生の繰り上がりのあるたし算で
「８＋７の計算の仕方について考えよう」
という課題があったとします。教科書には、

①８＋７の７を２と５に分解する
②８と２で10
③10と５で15

という10のまとまりの考えが載っていたとします。
この繰り上がりのあるたし算では、さくらんぼ計算という方法が教えられます。さくらんぼ計算ができるようになれば、答えを出すことができます。だから、８＋７の計算の仕方について子供自身が考えることなく、さくらんぼ計算を教える算数授業も多くあります。

授業でこのような考えが出てきたらどうでしょうか

①８＋７の８を５と３に分解する
②８＋７の７を５と２に分解する
③５と５で10
④３と２で５
⑤10と５で15

というそれぞれの数を合成・分解した考えが出てきたとします。この考えはまちがいでしょうか。教科書には出てこない考えです。
この方法は「五・二法」とよばれる方法です。よく手順をみてみると、10のまとまりをつくっています。私自身、教師になってからこの方法を知りました。

つまり、何が言いたいのかといえば、教材研究をしていないと

子供の考えを教師が間違いと見取ってしまう

可能性があるということです。予想される子供の姿を増やすことができれば、対応できるということです。人は予想していないことには、なかなか対応できないものです。

この方法を間違いと思わない先生は、たとえば、「この方法と教科書に載っている方法で、同じところあるかな？」と聞き、「10のまとまり」があることに子供たちに気づかせることでしょう。このように、子供に寄り添った授業展開を行うことができます。やはり、教材研究をしないと、

この時間ではどのような見方・考え方を働かせるのか
深い学びをどう促していくのか

といったことを行うことはできません。

このカード実践でも同様のことがいえます。子供たち自身がつくり出すカードの内容を見取っていくためには、教材研究が必要になることは明らかです。

１年生でも本書で提案しているカード実践は行うことができます。また、拙著『４つのカードで思考力が育つ！算数授業のワークシート 小学１年：「発見」→「練習」→「マスター」の学びシステム』（学芸みらい社）では４枚のカードで繰り下がりのあるひき算の計算の仕方を子供たち自身で考えることができると提案しています。よろしければご覧ください。

授業中に黒板前で座るな・評価しろ

タブレット端末が導入されるようになり、子供たちの考えを先生たちは自分の端末でみることができるようになりました。タブレット端末が

導入される前は、先生の授業の定位置は、黒板前でした。しかし、タブレット端末が導入されている今、黒板前にいる必要がありません。

それにもかかわらず、黒板前に座る先生がいるという話を聞くようになりました。はたして、これでいいのでしょうか。

教室中をグルグルと動き回る

ということがスタンダードになるのです。

教室を動き回り、

「その調子でがんばるんだよ！」

「少し考え直してごらん」

「○○という視点で考えてごらんよ」

「なるほど。そう考えたのか」

「3つも考えたのか、すごい！」

「その考え、○○さんだけだよ」

「わからないところ・つまずいているところはない？」

「本当にそれで正解？」

「すごい！よく発見したね！」

「今、どこに困っている？」

などと子供たちに声かけをしていきます。

声かけ以外にも、「いいね！マーク」をしたり、うなずいたりしていきます。このように教室を動き回り、子供たちのことをどんどん評価していくのです。

評価というと、「評価＝評定」というイメージが強いため、マイナスなイメージをもちがちですが、評価には次のようなものがあります。

診断的評価・・・学習者が何を知っていて何を知らないか

総括的評価・・・学習目標がどのぐらい達成されたかを総括的に評価

形式的評価・・・学習者の学習状況をモニターし、学習を促すための評価・自己評価・他者評価

これらの評価は

です。

・学習者が何を知っていて何を知らないかを診断してサポートをしていく
・学習目標がどのぐらい達成されたかを評価して、学校目標を達成するためにはどうしたらよいのかを考え、サポートをしていく
・学習者の学習状況をモニターし、学習を促していくために、自己評価・他者評価をしていく場を設定してサポートをしていく

こういったことは、やはりタブレット端末上だけでなく、子供たちの近くにいき、表情や息遣いやふるまいを見る必要があります。

これまで以上に教室を動き回り、声かけをしたりします。手にはタブレット端末を持ち、声をかけている子以外の様子をタブレット端末で見ることができます。

つまり、これまで以上に子供たちの様子を知ることができるカード実践は、子供たちに「任せる」ことが多くなります。

カード実践を見た人から、「自由だ！」と言われました。

たしかに、「全員に同じ方向を向かせて取り組む」といったイメージがある一斉授業よりも、子供たち自身が自己選択・判断をしていることが多いため、より自由、任せるというように見えるのでしょう。自由度が高いからこそ、任せるからこそ、

子供たちの状況を先生が把握

しておく必要があります。

把握していないのであれば、

それは任せるという名の指導の放棄

なのかもしれません。子供たちがどのような活動をしているのかを知るためには、先生が教室中を動き回ることが大前提なのです。黒板前に座って、教師用机に座っているのは、指導の放棄以外のなにものでもありません。

長期的に取り組む覚悟をもつ

カード実践は短期的に取り組む実践ではありません。

1時間の授業で、一単元の授業だけで取り組もうとするのであれば、カード実践に取り組むのはやめてください。

最初はカードをうまく選択したり、つくったりすることができないかもしれません。しかし、単元間で、同領域内で何度も取り組んでいくなかで、子供たちは自分たちでカードの内容を精査し、カードを創りだすことができるようになります。

そして、例えば、「平均」の単元で創ったカードを「速さ」の単元で使うといった、複数単元にまたがって使用する姿も見ることができます。これは長期的に取り組まないと見られない子供の姿です。

どのような授業でもカード実践を取り入れることで、数ヶ月後には劇的に子供たちに変化があることを保証します。

TOPIC 4-5

よりカードを使っていくためのアイディア

正の字を書く

カードを使うたびに、

カードの裏に正の字を書く

ということを指示します。そうすることで、自分はどのカードを使っているのかを自分自身で把握することができます。そして、よく使用するということは、レアカードであるという可能性が高まるということです。(私は正の字を書くのか、書かないのかは子供に任せていました)

下の画像は、ある子のカードの裏です。この子はこのカードを5回使ったことになります。しかし、「正」の字とは書いていません。なぜか、理由がわかりますか。

この子は上の段と下の段に分けて書いています。なぜなら、単元がちがったため、自分で工夫して、このようにしたのです。

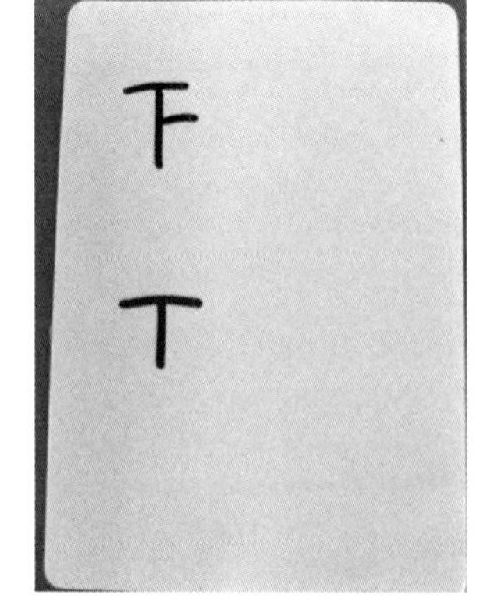

こうすることにより、様々な単元で同じカードを使うことができるということを可視化することができます。

「○○さんがこんな工夫をしていたよ。マネすべきことはどんどんマネをしよう！」

と子供たちにはすぐに紹介をしました。

「レア」と書く

レアカードだと自分が考えたカードには

- レアと書く
- ☆を書く

ということも一つの工夫であると子供たちに伝えました。

下の画像は3年生の子供たちがつくったものです。

この子は「レア」と書いています。たくさんレアと書いていますが、あとから「このカードはレアカードではないかも……」と言ったりもしていました。このカードはレアカードではないと気づけることにも価値があります。

複数学年で取り組むことで、より前の学年と今の学年のつながりを子供たち自身で意識することができることでしょう。そのため、「レア」と書いたカードもよりパワーアップしていくことが予想されます。

この複数学年にまたがっての実践には私自身まだ取り組むことができていません。協力していただける方、ご連絡ください。共に研究していきませんか。

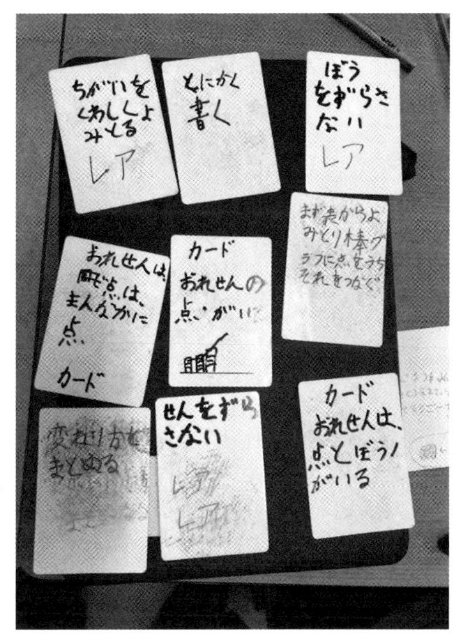

TOPIC 4-6

カード実践を支える
サブアイテム

カード実践を支えるアイテムがあります。

それが、「考え方モンスター」です。この考え方モンスターは学校図書の教科書で登場するモンスターです。

> オナジン、ワッケル、マトメール、ソロエ、カエカエ、ヒトッツ、ベツアラワシ、ナーゼ

という考え方モンスターがいます。

このモンスターは、常に黒板の横に貼っておきます。

そして、子供たちの考えがこれらのモンスターと関連づいているときには、

「○○さんの考えは、△△（モンスター名）だよ」

と伝えたりします。

こういったことを繰り返していくと、子供たちのほうから、

「この問題は△△（モンスター名）が使えそうだ！」

といった声が聞こえるようになります。そういったときには、上のように黒板に貼っておきます。この板書では、

48を24と24に分けるところに「ワッケル」

8×2＝16のところに「マトメール」

を貼っています。

考えを全体で解釈し終えた後の場面では、「今、どんな考え方モンスターが登場したと思う？」と子供たちに問いかけることも有効です。

授業最後のふりかえる場面では、「授業全体でどんな考え方モンスターが登場したと思う？」「1番大事な考え方モンスターはどれだろう？」などと子供たちに問いかけることも有効です。

こうすることで、カードつくり・創りをするときにこういったモンスターを参考にしながら、取り組むことができます。子供たちには、モンスター名をそのまま使用するのではなく、

自分の言葉でカードをまとめよう

と伝えるようにします。そうすることで自分オリジナルのカードになります。

TOPIC 4-7

デジタルで取り組む場合は

3年生の子供たちと取り組んだとき

デジタルでカード実践を行っていたときには、

お互いのカードを見せ合い、よいなと思ったカードは相手から送信してもらおう

ということをしていました。

つまり、「よいな」と子供たちが判断していることになります。そのうえで、

すべてのカードを送り合うことはやめよう

ということをルールとしていました。

それでも、カードを気軽に送れるため、子供たちのタブレット端末上にはカードがたくさんある状態になってしまい、思考の妨げになる可能性があるのではないかと考えたのです。

また、紙のカードはここまでにも書いているように身近にあるものです。決して、デジタルですることがダメだとは思いませんが、こういう経緯があるため、5年生では紙のカードを使い、実践を行っていました。

デジタルで取り組むときには

デジタル上で取り組むときには、基本的には最初は白色のカードに書きます。そして、そのカードを使うたびに、ピンク色→黄色→緑色→水色と色を変化させていきます。そうすることで、色によりどれが何度も使っているのかを可視化することができます。

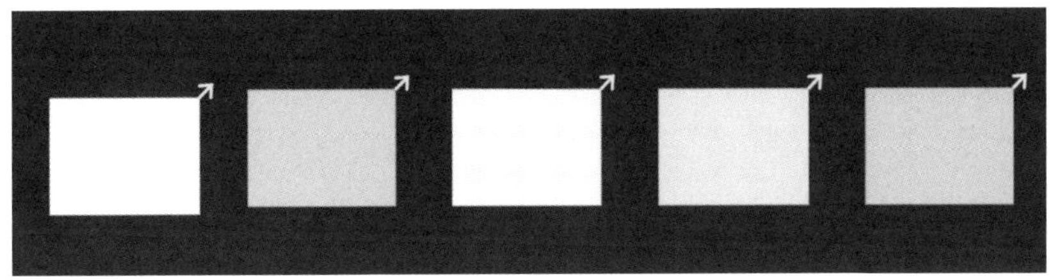

そして、最終的にはレアカードは赤色というようなルールをつくっていました。

デジタルでするときには、カードフォルダーの代わりに、右のようなシートを配布し、カードを分類・整理をしていきました。このときは領域を示していました。

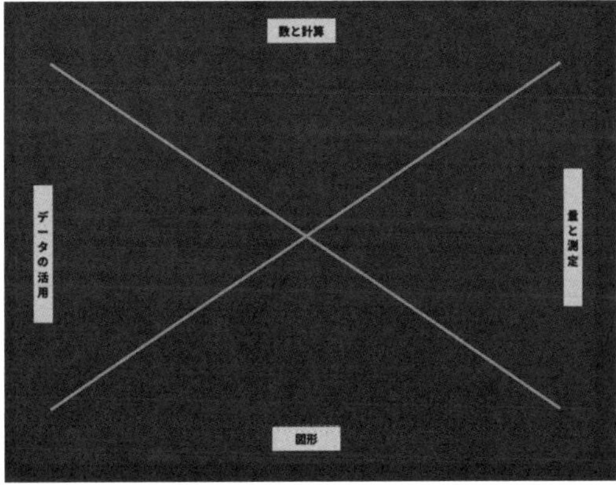

TOPIC 4-8

カードに対して問い返す

41ページで、概念的知識について書きました。こういった「概念的知識」や、働かせた「数学的な見方・考え方」に子供自身が気づくために、カードに対して「問い返す」ということも有効です。

① 問題に出会い、使えるカードがあるのかを探す段階では、

「どうしてこのカードを選択したの？（使うの？）」
「なんのためのこのカードを使うのかな？」

といったように問い返すことができます。そうすることで、

なぜそのカードを使うのかということを引き出す

ことができます。

加固希支男先生の言葉を借りると、「発想の源を問う」ということになります。この「なぜそのカードを使うのか」ということが、単元のなかで何度も使われていくことになるのです。

② 問題を解き、全体で交流する段階では、

「このカードを何のために使うの？」

といったように問い返すことができます。この場面でも上記と同じようになぜそのカードを使うのかということを子供たちから引き出すために

使います。

③カードをつくる・創る　または　使ったカードを交流する段階では、

「どうしてこのカードを合体させたの？」
「これらのカードで共通するところはない？」
「どうしてこのカードはレアカードなんだろう？」

といったように問い返すことができます。
たとえばカードを合体させるということは、

共通する大事なところを子供たち自身でみつけた

ということになります。大事なところ＝概念的知識と思ってもよいでしょう。その共通する大事なところをしっかりと言語化させたいという思いがあります。子供たちは言語化せずに取り組むことが多くあります。言語化したことは全体で共有していくとよりよいでしょう。

④カードを使えるか確かめる段階では、

「カードに足りていないところはなかったかな？」

といったように問い返すことができます。自分の考えで不足していたことを自覚化したり、まだ不足していることがないか自分の考えをふりかえったりすることができます。

このようにカードに対して問い返していくことで、知識を深掘りしていくことができます。

TOPIC 4-9

よくある質問１
低学年でもできますか

１年生で取り組んだカード実践

「カード実践は１年生、２年生でも取り組むことができますか」

という質問を受けることがあります。

本書は、５年生の提案がメインとなりますが、この質問の答えは

低学年でも取り組むことは可能

です。実際に私のこのカード実践を追試されている方のなかには１年生で取り組まれている方もいます。

私が飛び込み授業で、１年生単元「３口のたし算」の導入場面の授業を行いました。そのときには、

- さきふたつのすうじをたしてから、ひとつのすうじをさっきのふたつのすうじとたしてけいさんする
- １つずつけいさんする
- ながいけいさんをがんばる
- ４＋６とか３＋７とか２＋８とか１＋９とかそういうものをおぼえる
- せいかくにこたえる

といったカードを１年生でも書くことができました。

TOPIC 4-10

よくある質問2 最初の取り組み方が難しいです…

図形領域

5年生「合同な図形」の学習で初めて、カード実践の取り組みを始めました。図形領域での初めての学習です。

最初に、サイクル図を子供たちに提示し、この流れでこれからの算数授業を行っていくと伝えました。

次にカードフォルダーとカードを1枚配り、「今日の算数授業からカードを使って、学びを深めていきます」ということを子供たちに伝えました。そして、カードには

・カード1枚で1つのことを書く
・大切なことを書く
・見方などを書く

などのルールを説明しましたが、この段階では、どういうことか子供たちはよくわかっていない状態でした。よくわからないのは想定内です。実際に、カード実践に取り組んでいくなかで身につけることができると考えていました。

ここで、「ぴったり重なる形を調べよう」と課題を提示し、「この課題を解決するための使えるカードはないかな？」と聞きました。

「あるわけないじゃん」と子供たちは言っていました。それはそうです。

今日が初めて、カード実践に取り組むのですから。

めあてをつくり、めあてについて交流したあと、教科書の問題を提示し、解決していきました。

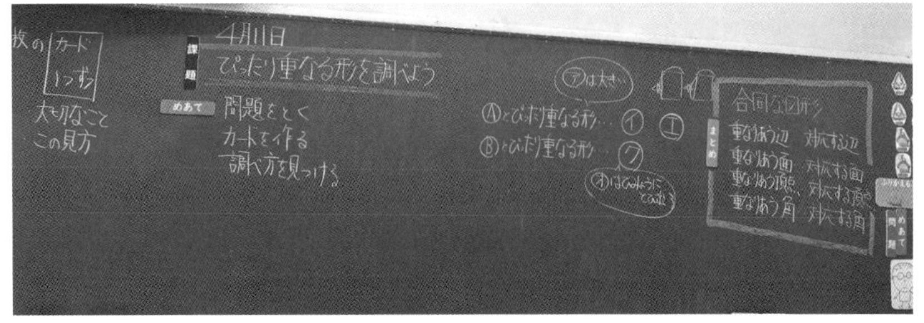

その後、「合同な図形」「対応する辺」「対応する面」「対応する頂点」「対応する角」などをまとめました。これらの用語は教えることができます。

この後に、実際にカードづくりを行いました。このときは、

- 「合同」というカード
- 「合同な図形・対応する辺・対応する面・対応する頂点・対応する角」というカード

のどちらかのカードをつくっている子が多くいました。

そして、このあとつくったカードが使えるのかどうか、教科書に載っている問題に取り組み、めあてについてのふりかえりを書きました。

データの活用領域

データの活用領域の初めての単元は「平均」でした。

「同じ大きさに分けるには」と課題を提示し、「この課題を解決するために使えるカードはないかな？」と聞きました。子供たちからは、

「ない」

「あるわけない」

「あったらおかしい」
などの声が聞こえてきました。

そこで、めあてをつくる・交流する時間を設けました。

子供たちからは、

・同じ大きさに分けるにはどうしたらよいか方法を見つけよう
・シンプルにレアカードをつくろう
・色々な方法に取り組もう
・カードに（大切な考えを）残そう

などのめあてが出てきました。

教科書の問題を提示し、同じ大きさに分けるための方法について考え、交流をしたあとに、全部÷個数＝平均とまとめました。

そして、カードづくりを行いました。このときは、

・均す
・全部÷個数＝平均

のカードをつくっている子が多くいました。

そしてこのあと、つくったカードが使えるのかどうか、教科書に載っている問題に取り組み、めあてについてのふりかえりを書きました。

数と計算領域

数と計算領域の初めての単元は「小数のかけ算」でした。
まずは「１mあたりのねだんが80円のリボンを買います。2.4m買うと何円ですか」という問題を提示し、立式する活動をとりました。

80×2.4という立式をしたときには、192と答えた子がいました。先行学習で、整数×小数ができる子たちです。そこで、
「80×2.4＝192になるみたいだよ」
と言いました。そして、
「本当に80×2.4になるのか」
と問い返しました。子供たちは４マス関係表を使って、80×2.4になる理由を説明しました。

その後、「80×2.4の計算のしかたを説明する」という課題を設定し、カードを選択し、めあてをつくる・交流する時間を設けました。新しい領域、新しい単元であるため、子供たちからは
「カードはないよ！」
「新しい単元は、カードをつくるんだよ」
といった声が多くありました。そこで
「じゃあ、今日のめあてはみんなカードをつくるでよい？」
と聞いたところ「オッケー」という返答があったため、この時間のめあては全員「カードをつくる」ということで統一しました。そのため、この時間のめあては板書していません。

計算の仕方について考え、説明をしたあとにカードづくりを行いました。このときは、

・４マス関係表
・0.1が何個分

のカードをつくっている子が多くいました。

そして、このあとつくったカードが使えるのかどうか、教科書に載っ

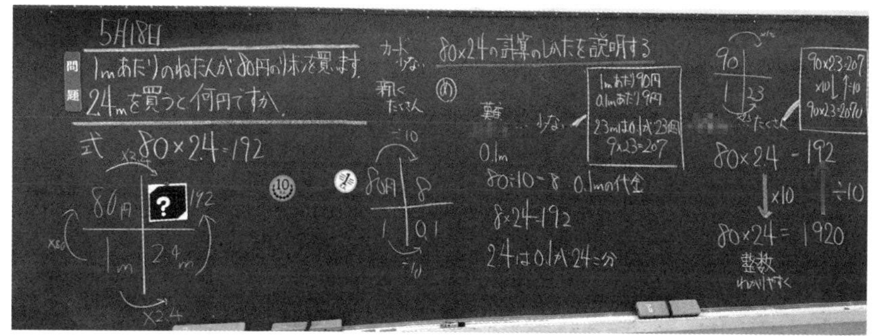

ている問題に取り組み、めあてについてのふりかえりを書きました。

単元【平均】（全５時間）のカードの様子

３本の単元の最初について紹介してきました。この３つの実践から見えてくるのは、

単元最初は選択できるカードがない可能性がある

ということです。このことについては、子供たちは自覚していきます。

次に、単元「平均」の学習で子供たちが作成したカードの変遷をみていきます。次のようになりました。

〈１時間目〉

【選択したカード】

- 平均の公式についてのカード……26人
- 平に均すについてのカード……17人
- 多いものから少ないものへ移動する操作についてのカード……９人
- その他のカード……２人

【レアカードに設定しているカード】

- 平均の公式についてのカード……７人
- 平に均すについてのカード……５人

・多いものから少ないものへ移動する操作についてのカード…… 1 人

〈 2 時間目〉

【選択したカード】

・平均の公式についてのカード……14人
・平に均すについてのカード…… 5 人
・多いものから少ないものへ移動する操作についてのカード…… 3 人
・その他のカード…… 1 人

【つくったカード】

・データの扱いについてのカード……19人

【レアカードに設定しているカード】

・平均の公式についてのカード……11人
・平に均すについてのカード…… 5 人
・多いものから少ないものへ移動する操作についてのカード…… 1 人

〈 3 時間目〉

【選択したカード】

・平均の公式についてのカード……19人
・平に均すについてのカード…… 8 人
・多いものから少ないものへ移動する操作についてのカード…… 4 人
・その他のカード…… 2 人

【つくったカード】

・測定方法に関するカード…… 7 人

【レアカード】

・平均の公式についてのカード……13人
・平に均すについてのカード…… 5 人
・多いものから少ないものへ移動する操作についてのカード…… 1 人

〈4時間目〉

【選択したカード】

・平均の公式についてのカード……23人
・平に均すについてのカード……７人
・多いものから少ないものへ移動する操作についてのカード……３人
・その他のカード……１人

【つくったカード】

・外れ値に関するカード……14人

【レアカード】

・平均の公式についてのカード……14人
・平に均すについてのカード……６人
・多いものから少ないものへ移動する操作についてのカード……１人

〈5時間目〉

【選択したカード】

・平均の公式についてのカード……25人
・平に均すについてのカード……８人
・多いものから少ないものへ移動する操作についてのカード……３人

【つくったカード】

・外れ値に関するカード……14人

【レアカード】

・平均の公式についてのカード……13人
・平に均すについてのカード……５人
・多いものから少ないものへ移動する操作についてのカード……１人
・その他のカード……１人

単元を通して見えること

ここまで平均の単元のカードの変遷について書いてきましたが、以下の5点のことがみえてきました。

①カードを使う子が、時間が進むにつれて、増加していく
②レアカードを設定する子が、時間が進むにつれて、増加していく
③単元途中でつくったカードを次時以降で使った子供はとても少ない
④一度使ったカードは、そのカードをその後も使用している割合が非常に高い
⑤単元が進むにつれて、カードをつくる枚数が減っていく

ということがわかります。

子供たちは単元を通して、どのようなカードを選択したらよいのか、どのような知識を使ったらよいのかを自覚することができていったということでしょう。

そして、さらに大切なことは、

他の単元でも同様の傾向

があったということです。

「平均の公式についてのカード」を手続き的知識、「平に均すについてのカード」を概念的知識とすると、概念的知識のカードを使っている子は微増です。まだまだ少ないです。やはり、手続き的知識の方が子供たちは意識しやすいのでしょう。

しかし、ちがう単元になったときには、概念的知識のカードを使う子が増えていました。概念的知識に気がつくことができるのは同領域の複数の単元に取り組んでいく必要があるということでしょう。

また、たとえば5年生「図形の面積」の単元では、平行四辺形の面積の

求め方の学習をしたときに、「底辺×高さ」と公式、つまり手続き的知識のカードをつくっている子が多くいました。

しかし、三角形の面積の求め方の学習をしたときには、「底辺×高さ」というカードを選択している子が多くいました。「底辺×高さ」では三角形の面積を求めることはできません。この「底辺×高さ」のカードを選択した子たちは、

三角形を倍積変形して平行四辺形

にして、このカードを使っていました。これは、「既習の図形に変形する」という概念的知識を使っていることになります。つまり、手続き的知識を使っているからといって、ダメという発想ではいけないということです。

なぜその子は手続き的知識のカードを使っているのか

という私たちの見取りが大切になってきます。

おわりに

本書をお読みいただきありがとうございました。

本提案は小学校生活19年間の集大成の実践といっても過言ではありません。というのも、私はこの春をもって、小学校教師を卒業することになりました。そして、大学の方に異動し、未来の先生を育てていき、そしてこれまで通りに発信をしていくことを決めました。

そのためカード実践はひとまずまとめてみたものの、現在進行形の実践ともいえます。現在私は博士課程に通っており、そこでも本提案を研究している段階です。ですので、カード実践に興味をもち、実践をされたい方、実践をしようと考えている方、一緒に研究を進めていきませんか？　次のアドレスまでご連絡いただけると嬉しいです。

mantaro0214@gmail.com

本提案をまとめるために、数年間は様々な試行錯誤をしました。うまくいかないことも多々ありました。それでも、楽しい、有意義な時間を過ごすことができました、そういった時間に、この実践に寄り添ってくださったのが、たこやき先生かわひーこと川人先生でした。この人がいなければこの実践は完成しなかったといっても過言ではありません。カード実践の前の段階から実践を見ていただき、数多くのアドバイスをしていただきました。感謝の気持ちでいっぱいです。そんな彼は100円たこ焼きという取り組みをされています。もしよろしければ、右のQRコードより記事をお読みください。そして、彼の取り組みに賛同していただき、サポーターになっていただけると嬉しいです。

最後になりましたが、企画を提出したときからあたたかく見守っていただき、出版に至るまでお力添えいただきました東洋館出版社の北山氏には大変お世話になりました。この場を借りて心よりお礼申し上げたいと思います。

The easy way has no meaning　樋口万太郎

【参考・引用文献】

・文部科学省「小学校学習指導要領解説（平成29年告示）算数編」日本文教出版．2018

・H. Lynn Ericksonほか「思考する教室をつくる概念型カリキュラムの理論と実践：不確実な時代を生き抜く力」北大路出版．2020

・高橋尚幸「流動型『学び合い』の授業づくり：時間割まで子供が決める!」小学館．2020

・水落芳明、阿部隆幸「これで、算数科の『学び合い』は成功する!」学事出版．2018

・小山儀秋（監修）、竹内淑子（著）「新装版 教科の一人学び「自由進度学習」の考え方・進め方」黎明書房．2022

・蓑手章吾「子どもが自ら学び出す! 自由進度学習のはじめかた」学陽書房．2021

・松﨑大輔「中学校数学　生徒の自律と自立を促す　単元内自由進度学習」明治図書出版．2023

・葛原祥太「「けテぶれ」授業革命！」学陽書房．2023

・岩本歩「イエナプラン教育を取り入れた自由進度学習：クラスでトライしてみる「ブロックアワー」」明治図書出版．2023

・加固希支男「発想の源を問う」東洋館出版社．2019

・加固希支男「「個別最適な学び」を実現する算数授業のつくり方」明治図書出版．2022

・加固希支男「小学校算数　「個別最適な学び」と「協働的な学び」の一体的な充実」明治図書出版．2023

・赤本純基「中学校数学科　無理なく進める個別最適な学び」明治図書出版．2023

・若松俊介「教師の？思考　一人一人の子どもに「最適」な指導・支援を考え抜く」明治図書出版．2023

・R.Rスケンプ「新しい学習理論にもとづく算数教育─小学校の数学」東洋館出版社．1992

・日本数学教育学会「算数教育指導用語辞典」教育出版．2018
・樋口万太郎「子どもの問いからはじまる授業!」学陽書房．2020
・樋口万太郎「３つのステップでできる! ワクワク子どもが学び出す算数授業♪」学陽書房．2021
・樋口万太郎「GIGAスクール構想で変える! １人１台端末時代の算数授業づくり」明治図書出版．2021
・樋口万太郎・石井英真「学習者端末 活用事例付：算数教科書のわかる教え方 １・２年」学芸みらい社．2022
・樋口万太郎・葛原祥太・川人佑太「４つのカードで思考力が育つ！算数授業のワークシート 小学１年：「発見」→「練習」→「マスター」の学びシステム」学芸みらい社．2023
・樋口万太郎「小学校６年間の算数が丸ごとわかる本」コスミック出版．2023
・ジマーマン、バリー・J．ほか「自己調整学習の理論」北大路書房．2006
・木村明憲「自己調整学習 主体的な学習者を育む方法と実践」明治図書出版．2023
・白井俊「OECD Education2030プロジェクトが描く教育の未来：エージェンシー、資質・能力とカリキュラム」ミネルヴァ書房．2020
・Hiebert,J. & Carpenter,T.P. (1992). Learning and teaching with understanding. D.A.Grouws(ed), Handbook of Research on Mathematics Teaching and Learning (pp.65-97). Macmillan Publishing Company.
・大島純「主体的・対話的で深い学びに導く 学習科学ガイドブック」北大路書房．2019
・学校図書「みんなとまなぶ：しょうがっこうさんすう１ねん上」
・学校図書「みんなと学ぶ：小学校算数４年下」

【引用・参考サイト】

・「令和の日本型学校教育」の構築を目指して ～全ての子供たちの可能性を引き出す、個別最適な学びと、協働的な学びの実現～（答申）
https://www.mext.go.jp/content/20210126-mxt_syoto02-000012321_2-4.pdf（令和５年11月５日確認）

・OECD ラーニング・コンパス（学びの羅針盤）2030
https://www.oecd.org/education/2030-project/teaching-and-learning/learning/learning-compass-2030/OECD_LEARNING_COMPASS_2030_Concept_note_Japanese.pdf
（令和５年11月５日確認）

・「OECD 学びのコンパス2030」に対応した授業事例のショートビデオ
https://www2.u-gakugei.ac.jp/~jisedai/shortvideo/（令和５年11月５日確認）

・ピクトグラム一覧
https://www.nits.go.jp/service/activeLearning/achievement/jirei/pictogram.html
（令和５年11月５日確認）

・算数で見つけたい考え方モンスターの活用について
https://gakuto.co.jp/docs/download/pdf/R2_sansu_monster_katsuyo.pdf
（令和５年12月28日確認）

著者プロフィール

樋口万太郎（ひぐちまんたろう）

1983年大阪府生まれ。大阪府公立小学校、大阪教育大学附属池田小学校、京都教育大学附属桃山小学校、香里ヌヴェール学院小学校を経て、中部大学現代教育学部現代教育学科准教授。教育歴は19年。日本数学教育学会（全国幹事）、全国算数授業研究会（幹事）、授業力＆学級づくり研究会（副代表）、「小学校算数」（学校図書）編集員。小学校の先生向けオンラインサロン「先生ハウス」オーナー。

自律した学習者を育てる

算数授業のカード実践

2024（令和6）年7月30日　初版第1刷発行

著　　者：樋口万太郎
発 行 者：錦織圭之介
発 行 所：株式会社　東洋館出版社
〒101-0054　東京都千代田区神田錦町2-9-1
コンフォール安田ビル2階
代表　TEL：03-6778-4343　FAX：03-5281-8091
営業部　TEL：03-6778-7278　FAX：03-5281-8092
振替　00180-7-96823
URL　https://www.toyokan.co.jp

［装　丁］：中濱健治
［イラスト］：Knty
［組　版］：株式会社ダイヤモンド・グラフィック社
［印刷・製本］：株式会社ダイヤモンド・グラフィック社

ISBN978-4-491-05421-6　Printed in Japan